PRINCIPES FONDAMENTAUX

DE DROIT NATUREL,

POLITIQUE ET RELIGIEUX,

SUR L'ORIGINE

Du Sacerdoce, de la Noblesse, du Tiers-État, de l'Escla-vage, des Affranchissemens, des différens Corps, tout ce qui concerne la Formation et la Civilisation des Peuples.

SECOND CAHIER,

OU L'ON VERRA :

Qu'en plaçant *le nombre, le mérite et les talens* au-dessus *de l'autorité*, on a mis les derniers ordres au-dessus des premiers, confondu tous les rangs ; fait une masse informe du corps de chaque peuple ; détruit tout ce que Dieu avoit arrangé et subordonné, par la succession seule des autorités, des paternités et des naissances.

Mutaverunt jus, dissipaverunt legem.
ISAIE, 10.

A PARIS,

CHEZ
LECLÈRE, quai des Augustins, n° 35 ;
HIVERT, rue des Mathurins-Saint-Jacques, n° 18 ;
GOBELET, rue Soufflot, n° 9 ;
L'AUTEUR, rue Cassette, n° 20.

1826.

PRINCIPES FONDAMENTAUX

DE DROIT NATUREL,

POLITIQUE ET RELIGIEUX.

Il n'est pas un seul peuple sur la terre qui n'ait été composé dès l'origine, 1° *d'un sacerdoce;* 2° *d'une noblesse;* 3° *d'un tiers-état;* 4° *de différens corps.*

1° SUR LE SACERDOCE.

Pour bien concevoir la nécessité d'un *sacerdoce*, il faut commencer par bien connoître la *nature des passions* qu'il est obligé de combattre; être bien sûr que la première impression des sens que l'âme reçoit du corps dans chacune de nos actions, est toujours mauvaise, toujours perfide, toujours déréglée, toujours portée au mal; que si Dieu a mis en nous *des passions*, c'est, non pas pour les suivre, mais pour les dompter, et par là mériter des récompenses; penser ensuite que l'*autorité naturelle* que Dieu a donnée aux pères de la terre, n'a de pouvoir que sur les corps, par des récompenses et des châtimens corporels.

De là la nécessité d'un *sacerdoce* investi d'une *autorité divine*, pour nous instruire, nous éclairer, faire connoître à l'âme la perfidie des passions, lui proposer des récompenses spirituelles si nous les domptons, et des châtimens spirituels si nous ne les domptons pas.

Dieu seul étant l'*auteur des âmes*, il est aussi le seul qui puisse avoir *autorité* sur elles. Et ce n'est qu'en vertu *de cette autorité divine et surnaturelle*, qu'on peut gouverner dans ce district immense.... Aussi Dieu, dès l'origine, donna-t-il au premier homme, par révélation, une portion de *son autorité divine*, avant même qu'il fût *père*, avec le pouvoir de constituer au-dessous de lui ses enfans *prêtres*, pour l'aider dans ces sublimes fonctions à la tête de leurs familles respectives, comme nous l'avons établi dans l'*Origine du sacerdoce*. De sorte qu'à mesure que la population s'accrut, le *sacerdoce* devint une superbe hiérarchie, composée de pontifes, de prêtres et de ministres inférieurs, sur lesquels Dieu constitua un Pontife souverain, dès le temps de la synagogue, et comme nous le voyons encore dans le gouvernement de l'Eglise. *Autorités* tellement subordonnées dans le spirituel, que si le souverain Pontife a juridiction universelle sur tout l'univers, chaque Pontife ne l'a plus que sur son diocèse, et chaque pasteur sur sa paroisse. La distance des degrés de juridiction est immense.

Tant que *les droits* de Dieu ont été conservés, le *sacerdoce* a conservé les siens; mais, dès que le droit a passé dans la main des sujets, le *sacerdoce* a perdu son rang : il n'y a plus eu de gouvernement spirituel, plus de possibilité de faire observer les lois. *Mutaverunt jus, dissipaverunt legem.*

PRINCIPE Ier. *Déréglement affreux du monde sans sacerdoce.*

Après avoir adoré l'Etre suprême, il faut observer *sa loi*, connoitre la *manière* de régler ses volontés, pour faire le bien et éviter le mal. C'est ce qu'on appelle la *morale*, la véritable science de l'homme, de l'aveu de nos maîtres eux-mêmes. La physique et les mathématiques, la poésie et l'art militaire, sans la morale, sont de véritables fléaux, puisqu'elle seule apprend l'art de les diriger au bien.

Comment la plus importante de toutes les sciences fut-elle toujours la plus négligée ? C'est une question que font nos encyclopédistes, à laquelle ils ne répondent pas, et à laquelle il est cependant important de répondre; et, selon nous, en voici les véritables raisons : c'est que la *morale*, dans son essence constitutive, est la plus désagréable de toutes les sciences, et celle qui révolte le plus le monde et les passions, puisqu'elle consiste dans l'art de les combattre et de leur faire perpétuellement la guerre; guerre qui leur déplaît souverainement, et qui doit nécessairement leur déplaire.

Ce qui nous révolte le plus dans ce combat, comme nous l'avons déjà dit, c'est que tous nos penchans physiques paroissent nous porter *aux biens*, et qu'ils nous y conduisent en effet. Mais pourquoi nous y portent-ils ?.... c'est pour les manger, les détruire et les consommer. Mais lorsqu'ils sont consommés, il faut *se donner du mal* pour en avoir d'autres, et ce *mal physique*, nous le détestons : si nous suivions nos penchans, nous ne le prendrions jamais. *L'horreur du mal physique*, voilà l'endroit où commence le dérèglement de nos penchans, l'endroit où il faut les dompter, et les désordres qui s'en suivent si nous ne les domptons pas.

Mais si notre corps, par sa nature, est porté *à la consommation*, tous les corps organisés ne le sont pas moins. A mesure que nos biens se reproduisent, hommes, insectes et animaux, tout est porté à les dévorer. Quand ils le sont, ils ont la même aversion que nous *pour le travail;* de sorte que si nous les laissions faire, ils détruiroient tout sans rien réparer. Autres déréglemens, autres ennemis à combattre.

Ce n'est pas tout. Tous les corps inanimés eux-mêmes, par leur penchant général à la gravitation, sont constitués de manière *à nous résister*. Considérez cette pierre énorme dont on veut se servir pour bâtir. *quelle peine* ne donne-t-elle pas, soit pour la tirer du fond d'une carrière, soit pour l'élever au haut d'un édifice? Si nous suivions ses penchans, elle n'arriveroit jamais. Mais ce que je dis de *cette pierre*, s'entend du bois et du fer, de la terre et de tous les fardeaux. Cherchez tant qu'il vous plaira : vous verrez que, parmi les corps qui sont à notre disposition, il n'en est pas un seul qu'il ne faille dompter, un seul dont il ne faille vaincre la *résistance*. Si nous suivions leurs penchans et les nôtres, *le mal* se feroit toujours, et *le bien* ne se feroit jamais. Il est donc démontré, comme le dit Jésus-Christ dans l'Evangile, que le monde physique qui est à notre disposition, est déréglé ; qu'il ne faut pas le suivre, et que nous ne ferions jamais le bien, si nous en suivions les penchans.

Pour contrebalancer ce monde physique, que falloit-il ? Il falloit *une loi* qui ordonnât à l'homme d'aller contre le penchant des corps, qui lui assurât des récompenses s'il le faisoit, et des châtimens s'il ne le faisoit pas : c'est ce qu'on appelle la *morale*, ou la manière sûre de faire le bien et d'éviter le mal ; l'unique moyen de régler la volonté dans les actions libres, sans quoi nous serions les esclaves de nos penchans. *Cette loi*, toute contraire à nos sens, et qui suppose un maître, l'âme seule peut l'apercevoir. De là cette lutte perpétuelle entre l'âme et le corps, l'homme physique et l'homme moral, qui sont diamétralement opposés l'un à l'autre. Pour remplir les devoirs de son état, après en avoir goûté les jouissances, il faut que *l'homme moral* l'emporte, qu'il triomphe du monde, et qu'il soit avec lui dans une guerre perpétuelle. De là résulte d'abord contre notre fausse philosophie un raisonnement qui me paroît bien fort, et que voici : si nous faisions toujours le mal et jamais le bien, *l'immoralité* seroit à son comble ; ce seroit un *déréglement affreux*. Or, *sans la loi de Dieu*, le monde nous porteroit toujours au mal, jamais au bien ; toujours au plaisir, jamais à la peine ; toujours aux jouissances, jamais à nos devoirs. Donc, *sans la loi de Dieu*, le déréglement du monde seroit affreux, et la *loi de Dieu* ne peut être connue que par le *sacerdoce*.

P. II. *De l'homme primitif. Comment il étoit le maître absolu de ses penchans.*

Dans l'état d'innocence, lorsque la volonté de l'homme, parfaitement en équilibre, se portoit au bien avec aisance,

et que son âme , dégagée des ténèbres de l'ignorance , apercevoit clairement *ses récompenses et ses châtimens*, ne lui
étoit-il pas infiniment plus facile de résister aux attraits des
sens ?.... Lorsque la terre, sans ronces et sans épines, n'exigeoit qu'un foible travail ; que son corps , fort et robuste ,
étoit exempt de maladies et d'infirmités, ne lui étoit-il pas
infiniment plus aisé de vaincre la *résistance des corps ?*....
C'est ce que personne au monde ne peut contester , et sur
quoi tous les interprètes sont d'accord. Mais ce qui n'est pas
moins incontestable , c'est que , dès l'état d'innocence ,
l'homme avoit une concupiscence à dompter , puisqu'il ne
la dompta pas ; des lois à suivre , puisqu'il ne les suivit pas ;
que, dès lors, il y avoit déjà un culte et un hommage , des
lois , des promesses et des menaces , des châtimens et des
récompenses. Tout cela ne se trouve pas moins clairement
dans l'Ecriture et dans les commentateurs.

Mais si, dès l'état d'innocence, *l'homme* n'étoit si parfaitement réglé, que parce qu'il apercevoit clairement *la loi
de Dieu,* quel dérèglement affreux dans ses penchans, aujourd'hui que l'esprit est couvert de ténèbres , et que *la loi*
divine est si peu connue !.... Si , dès lors il falloit un *prêtre*
pour parler de la part de Dieu, et veiller au maintien de ses
lois, aujourd'hui qu'elles sont si difficiles à connoître, qu'on
ne peut en venir à bout qu'à force d'études, de méditations
et de travaux ; que deviendroit-on , sans un ordre totalement occupé de ce sublime ministère ?... Si *la loi de Dieu* est
la règle de toutes nos actions, et que ce soit *au sacerdoce* à
l'annoncer, c'est à lui à régler toutes les actions des hommes.
S'il en est une seule qui ne soit pas réglée, elle tend nécessairement à la destruction , au pillage et au brigandage ;
et avec quelle rapidité y tend-elle depuis la chute de l'homme,
quand *la loi* ne nous contient plus !

De ces vérités, puisées dans la nature de l'être moral,
que résulte-t-il ? c'est que, depuis la chute de l'homme, un
corps qui nous porte si violemment au mal, qu'il est si
difficile de vaincre, et qu'il faut cependant perpétuellement

dompter pour aller au bien, n'est pas un corps aimable. *Ce renoncement perpétuel à soi-même,* que nous prescrit la saine raison, ressembleroit assez à celui qu'ordonne *l'Evangile.*

C'est qu'un monde composé de pareils corps, contre lesquels il faut perpétuellement lutter, quand on veut faire le bien et éviter le mal, n'est pas un monde gracieux. *Ce renoncement perpétuel au monde,* que la loi naturelle nous prescrit, ressembleroit assez à celui dont il est parlé *dans l'Evangile.*

C'est qu'en entrant au monde, le premier engagement que nous prescrit *la loi naturelle,* pour faire le bien, c'est celui de renoncer à la chair et à toutes ses convoitises, au monde et à tous ses penchans : ce qui ressembleroit assez *aux engagemens du baptême.*

C'est que, *pour faire le bien et éviter le mal,* il faut de toute nécessité, *d'après la loi naturelle elle seule,* haïr le monde, se haïr soi-même, et lutter perpétuellement contre ses penchans ; que ce sont là des préceptes moraux qui obligent dans tous les pays, mais qu'il est impossible de pratiquer partout où l'on perd de vue *la loi de Dieu* et ses sublimes motifs ; que, sans elle, l'homme moral est sans force, et la raison devient l'esclave du corps ; que l'athée et l'incrédule, les libertins, et tous ceux qui suivent l'*homme physique,* sont nécessairement des êtres immoraux, des hommes de destruction et de pillage, de faux sages et des philosophes faux, qui nous appellent à la ruine de l'univers, les amis déclarés des révolutionnaires et des factieux, conséquemment les *ennemis des peuples :* et le *sacerdoce* est le seul ordre qui puisse efficacement les combattre, en vertu de l'autorité divine que Dieu lui a donnée. Otez cette *autorité divine,* plus de sacerdoce, plus de frein pour les passions.

P. III. *Des passions. Quelles sont essentiellement déréglées sans sacerdoce.*

Si l'on écoute les philosophes de l'antiquité, *qu'est-ce que les passions ?* Ce sont des syrènes enchanteresses qui habitent dans des rochers célèbres par leurs naufrages, des monstres qui attirent les voyageurs par la douceur mélodieuse de leurs chants, pour les dévorer et les perdre ; elles sont si perfides et si dangereuses, qu'il est impossible de les éviter sans se boucher hermétiquement les oreilles. Ils n'ont point de termes assez forts pour en peindre les dangers et les horribles ravages.

Ecoutez nos philosophes modernes. Selon eux, *rien de si aimable que les passions.* L'amour, la volupté, et le penchant des deux sexes, les jeux, les ris et tous les plaisirs des sens, sont peints dans leurs ouvrages sous les plus brillantes couleurs. *Les grandes passions sont le caractère des grandes âmes*; des hommes à petites passions sont des êtres nuls ; c'est dans l'assouvissement de ses passions qu'on trouve des sources fécondes *de délices, de félicité et de bonheur.*

D'où vient ce contraste dans le langage ?.... De ce que les uns ont été véritablement des *philosophes,* et que les autres ne le sont pas. Car qu'est-ce dans le fait que la *passion ?* C'est cette première impression physique qui, dans chacune de nos actions, porte l'âme à se livrer aux penchans du corps ; conséquemment à prendre *le bien* et laisser *le mal,* à prendre *le plaisir* et laisser *la peine.....* Or, je dis que ce premier sentiment est toujours faux et toujours mauvais, toujours détestable, toujours contraire à la loi naturelle et à la règle des mœurs ; conséquemment toujours destructeur du libre arbitre. *Dissipaverunt legem.*

Car, que nous dit *la loi naturelle ?* Elle nous dit qu'*il est impossible de faire le bien sans peine ;* que l'un ne va point sans l'autre ; elle lie ensemble *le bien et le mal ;* elle nous défend de jamais les séparer, et, si nous les séparons, elle nous menace des châtimens les plus terribles. Si l'on prend l'un et l'autre, *la loi* est accomplie, la passion vaincue, et *la morale* parfaitement observée. Ainsi, *la noble ambition* d'acquérir des biens par le travail, des prix par l'application, de la gloire par les combats, le ciel par les afflictions, la guérison par des opérations douloureuses, tout cela n'est plus *la passion*, parce que, pour se déterminer aux souffrances, il faut commencer par *se vaincre soi-même*, et dompter sa répugnance pour *le mal*. Tant que *le bien et le mal*, le plaisir et la peine, la jouissance et le devoir, sont joints ensemble, nos actions sont réglées. Si je me donne du mal, *la loi* veut que le bien soit à moi et à mes héritiers, et si j'accepte *le bien*, elle veut que je prenne *la peine* d'en bien user, et d'accomplir *les devoirs* qui en sont inséparables.

Qu'on y fasse donc attention. *La passion* consiste dans la séparation de ces deux contraires. Comme elle se porte avec fureur *vers le bien physique*, et qu'elle déteste *le mal*, elle consiste à ne vouloir que le premier et à rejeter le second. Le ciel sans afflictions, des biens sans travail, de la gloire sans combats, des jouissances sans application, des plaisirs sans peine. Voilà *la passion*, ou plutôt le caractère distinctif de toutes les passions. De là, pour avoir le fruit des travaux des autres, tant de vols, de pillages et de brigandages, de fraudes et de perfidies, de meurtres et d'assassinats, d'adultères et de fornications, de mensonges et de duplicités, d'oppression et de tyrannie, d'exactions, de guerres, de cruautés, de séditions et de révolutions, la fureur d'avoir *des biens sans travaux et des plaisirs sans peine*. Voilà la source de tous les vices, de tous les désordres, de tous les déréglemens et de l'infraction de toutes les lois en général, et conséquemment la ruine du libre arbitre. *Dissipaverunt legem.*

Qu'est-ce donc que la passion, selon *Socrate*, *Platon*, *Cicéron*, et tous les philosophes attentifs?... C'est un appât, une tentation et une amorce perfide et trompeuse, qui, dans chacune de nos actions, nous présente toujours *le mal sous l'aspect du bien , et le bien sous l'apparence du mal ;* qui nous engage perpétuellement *à manger* et à détruire, à dévaster tous les biens , et à laisser *le mal* aux autres ; à nous amuser et à nous divertir à leurs dépens. De là *le mal moral* que nous faisons aux autres, en leur ravissant le fruit de leurs travaux, et *le mal moral* que nous encourons nous-mêmes, en nous exposant, pour le futur , aux châtimens les plus terribles.

D'où il suit que les grandes passions , tant qu'elles ne sont pas réglées , portent les hommes *aux grands forfaits ;* qu'en déchaînant les monstres des passions dans l'univers , par leurs livres immoraux , *nos faux sages* trompent cruellement les peuples, qu'ils livrent au brigandage des hommes passionnés , et qu'ils se trompent cruellement eux-mêmes , puisque les peines qu'ils veulent éviter maintenant, ils les subiront un jour malgré eux. Les passions sans frein sont des monstres épouvantables, et elles sont sans frein partout où l'on détruit le sacerdoce, et où il se trouve dépouillé de son autorité divine. *Mutaverunt jus.*

P. IV. *Pourquoi on n'aime pas la morale ?*

L'étude de la morale est donc infiniment plus difficile qu'on ne pense. Pour savoir *la morale ,* il faut d'abord savoir *que notre corps est notre ennemi ,* sans quoi on ne pensera pas même à le combattre. Or, combien d'enfans et de peuples grossiers , d'esprits légers et superficiels qui ne le savent pas ; combien même d'hommes savans, instruits et éclairés d'ailleurs , qui n'y pensent pas, et qui ne veulent pas le savoir, parce que, s'ils le savoient , il faudroit *se faire la guerre à soi-même ; guerre* qui est faite pour nous révolter, et qui nous révoltera toujours. Cependant, au flambeau seul de la raison, rien de plus certain que *notre corps est notre ennemi ,* puisque tous ses goûts et ses peuchans le portent *à la consommation*, et qu'après cette consommation, il ne veut plus ni le travail, ni les peines qui en sont inséparables. D'où l'infraction de *la loi*, qui nous attire les plus grands châtimens.

Pour savoir *la morale*, il faut savoir *que le monde est notre ennemi*, sans quoi on n'y renoncera jamais. Or, combien d'enfans et de peuples grossiers, d'esprits légers et superficiels, qui ne s'en doutent même pas; combien même d'hommes instruits et éclairés d'ailleurs, qui ne veulent pas le savoir, parce que, s'ils le savoient, il faudroit *fuir ce qui nous plaît, et rechercher ce qui nous contrarie dans le monde*. Cependant rien de plus certain *que le monde est notre ennemi*, puisque tous les objets qui flattent nos sens, nous attirent *à la destruction*, et qu'après cette destruction, nous ne voulons plus ni le travail, ni les peines qui en sont inséparables. D'où l'*infraction de la loi*, source inépuisable de désordres, d'excès et de châtimens.

Pour savoir *la morale*, il faut connoître les ruses et les artifices de ses ennemis, sans quoi on ne les évitera jamais. Or, si l'on n'en étoit instruit d'avance, comment s'attendre que ce qui flatte les sens détruit *le bien*, et que ce qui leur répugne y conduit? Comment imaginer qu'il y a *un mal futur* caché sous le plaisir présent, et que *le mal présent* conduit à un plaisir futur? Quoi de plus trompeur, de plus perfide et de plus insidieux, que cette marche artificieuse des passions!... Quelle foule d'individus, et même de savans, qui ne la connoissent pas, et qui ne veulent pas même en entendre parler, parce qu'il faudroit résister à ces impressions!... Cependant, puisque *le bien et le mal* sont inséparables; qu'après avoir pris l'un, la loi nous ordonne de prendre l'autre, sans quoi on en sera sévèrement *puni*, rien de plus certain, que ce qui commence par le plaisir, finira par la peine, et ce qui commence par la peine, finira par le plaisir. Rien de plus certain que, si l'on ne veut pas être la victime perpétuelle du monde et de ses propres passions, il faut perpétuellement être en garde, et perpétuellement aller contre les apparences, si l'on veut être libre.

Enfin, pour savoir *la morale*, il faut savoir qu'on sera récompensé, si on prend *le mal physique*, et qu'on sera puni si on ne prend que les plaisirs seuls. Sans cette sanction, *la morale* ne se pratiquera jamais; car, puisque *ce mal* me répugne, je ne le prendrai jamais, à moins qu'il n'y ait *un bien* à gagner, et puisque le plaisir flatte mes sens, je ne pourrai jamais y renoncer, à moins qu'il n'y ait *un châtiment* à craindre. Or, combien de peuples payens, qui n'ont jamais connu *les châtimens du Dieu véritable*, et de peuples infidèles, qui ne les connoissent pas encore; d'incrédules, qui ne veulent pas y croire, et de libertins, qui ne veulent pas en entendre parler; de déistes, qui se font des dieux indulgens; de nations entières, qui adorent des dieux faux, et qui se figurent que presque tous leurs désordres seront impunis ?... Combien d'hommes passionnés, qui ne veulent pas même qu'on leur parle *de ces châtimens*, parce que cette pensée importune les arrêteroit dans leurs désordres?

Voilà, en fait de morale, les vérités qu'il faudroit savoir. Or, qui les sait, ces vérités, et qui s'applique à les connoître? Qui veut même en entendre parler? Dans quels livres philosophiques, *cette perfidie* du monde et des passions est-elle clairement dévoilée; ou plutôt, où n'est-elle pas cachée et défigurée?

« Parce que la philosophie incommoderoit les philoso-
« phes, si elle se mêloit de leurs affaires, dit plaisamment
« *M. de Fontenelle*, dans son Dialogue des Morts, ils l'en-
« voient dans le ciel arranger les planètes et en mesurer les
« mouvemens; ou bien, ils la promènent sur la terre, pour
« lui faire examiner tout ce qu'ils y voient; enfin, ils l'occu-
« pent toujours le plus loin d'eux qu'il leur est possible. »
Voilà la véritable solution du problème que nous examinons. *L'agriculture et les arts, l'astronomie et la poésie, les belles lettres* et toutes les sciences physiques en général, loin de contrarier nos penchans, ne tendent qu'à les satisfaire. Le

télescope, que je dirige ssur la lune, ne me découvre pas mes défauts, et le ciseau que je promène sur une belle statue, ne retranche pas les défauts de mon cœur. Un artiste très savant peut très bien être le plus déréglé de tous les hommes.

Mais cette partie de la philosophie qui tend à contrarier les sens et à réprimer les passions, *la morale* enfin, on ne l'aime pas naturellement et on ne l'aima jamais; par la raison, bien simple, qu'elle nous attaque personnellement, et qu'elle exige, dans chacune de nos actions, *la victoire de nous-mêmes.* Si, comme le disent très bien *nos encyclopédistes,* c'est là incontestablement *la véritable science de l'homme,* c'est aussi *la plus étendue;* puisque dans les autres parties de la philosophie, chaque science à son but, son objet, et ses principes particuliers; au lieu que *la morale,* dans sa fin, est la règle de toutes les sciences et de tous les états, de tous les hommes et de toutes les actions des hommes..... *La plus obscure,* parce que, dans la physique, on ne s'occupe que du présent, au lieu que dans la morale *c'est le futur :* ce n'est point le commencement de nos actions, mais la fin; ce n'est point ce qui frappe nos sens, mais toutes les suites et les conséquences opposées qui doivent résulter de cette impression, qu'il faut s'appliquer à prévoir avant d'agir; ce qui exige beaucoup de soin et d'attention, d'application et de vigilance. Enfin, c'est la science la plus révoltante pour les sens, puisqu'elle se réduit à ces deux maximes bien terribles pour les passions : *Fuyez les plaisirs, si vous voulez éviter le mal ;* et *donnez-vous du mal, si vous voulez faire le bien.*

Rien de si certain que ces deux règles; elles sont dans la nature de l'être moral : mais quoi de plus désagréable pour les sens!... qui aime à les connoître et qui se plaît à les étudier?.. qui veut même en entendre parler? quoi de plus ennuyeux qu'un moraliste, qui nous rebat perpétuellement ces tristes leçons?... Il ne faut donc plus s'étonner, si *la plus importante de toutes les sciences* fut cependant *la plus négligée,* et conséquemment *la plus ignorée* dans tous les temps.

Il ne faut plus être surpris si les esprits frivoles, préfèrent la lecture des romans et tous les ouvrages de nos faux sages ; si la morale fut, dès le commencement du monde, changée, altérée et corrompue chez tous les peuples qui abandonnèrent le vrai Dieu ; si elle n'a jamais pu se conserver que parmi ceux qui eurent le courage de rester *attachés au sacerdoce véritable.*

P. V. *Des sciences physiques.*

Lorsqu'on voit un siècle très avancé dans les sciences physiques et les belles lettres, il faut donc bien se garder de croire qu'il soit, par cela même, très éclairé *dans l'ordre moral.* L'érudition la plus étendue dans une partie peut très bien s'allier avec l'ignorance la plus profonde dans l'autre. Certes, chez les Anciens, il exista de grands artistes et de grands généraux, de grands poètes et de grands orateurs. On savoit faire de beaux tableaux, sculpter de superbes statues, et composer des discours très éloquens !.... Mais *la morale,* et les attributs de la Divinité, la sanction de la loi naturelle, et les motifs qui peuvent la faire pratiquer, la règle de toutes les actions humaines, même les plus secrètes, et le frein de toutes les passions, *un Dieu qui punira tous les désordres et qui récompensera toutes les vertus,* ils ignoroient tout cela ; leurs prêtres ne le savoient pas plus qu'eux, puisqu'il leur étoit impossible de lire, ni dans les ténèbres, ni dans la vie future, et qu'ils adoroient des dieux qui souffroient tous les vices. Voilà pourquoi leurs vastes connaissances dans les sciences physiques ne firent que les aider dans la dévastation du monde, et hâter leur propre ruine à eux-mêmes par la décadence des mœurs.

Des temps anciens passons à celui où nous sommes. Nous sommes loin de vouloir disputer à notre siècle les avantages qui lui sont particuliers. *La chimie et l'art de la guerre, l'étude de la nature* et les découvertes physiques dans certaines parties surtout, sont plus avancées qu'elles ne l'étoient chez les Anciens. Et cela doit être, puisqu'en physique une découverte conduit à une autre. En général, les sciences physiques sont très-cultivées de nos jours. *Etudes, colléges, institutions et encouragemens*, tout est ordinairement dirigé vers cet objet. *Arithmétique et dessin, génie et mathématiques, géographie et art militaire surtout*, les enfans excellent en tout cela. Mais *le grand art* de diriger *au bien* toutes ces sciences, *la morale;* sous ce rapport, notre siècle est retombé manifestement dans les plus épaisses ténèbres; et quand on dit que la décadence morale est infiniment plus rapide que les progrès dans les arts, c'est une vérité palpable aux yeux du philosophe observateur.

Mais alors toutes nos lumières ne sont *que ténèbres*, puisque toutes nos sciences tendent à la destruction. Car quelle est la destination des sciences physiques? C'est de nous apprendre la meilleure manière d'opérer. *Avec la morale*, elles peuvent être très-utiles, sans doute. Toutes les machines physiques que l'art a inventées pour vaincre la résistance des corps, peuvent nous aider merveilleusement dans l'agriculture, le commerce et les arts. Mais si on ne les dirige pas *au bien*, elles nous fournissent des moyens beaucoup plus efficaces *pour faire le mal.* Le pistolet dont un voyageur se sert pour se défendre, peut aussi servir au voleur pour le tuer; tout ce qui facilite les moyens de bâtir, peut aussi servir à détruire, et tout ce que nous employons à défendre des villes, peut également être employé à les ruiner. *Sans la morale,* esprit, talens, éloquence, et la raison même, deviennent nécessairement les ministres des passions. L'homme le plus habile, le plus brave et le plus savant, devient aussi le plus dangereux, et tout ce qui avoit été imaginé *pour le bien*, devient nécessairement l'instrument *du mal.* Voyez toutes les ruines qui viennent de couvrir le monde, et tout le sang dont l'univers a été abreuvé; c'est l'effet de nos sciences physiques mal dirigées.

Qu'on demande aux grands génies de notre siècle, à qui appartiennent tous les royaumes et tous les biens de la terre ? Ils vous répondront que c'est *aux grands talens*, conséquemment à eux; *qu'on est convenu, dans l'origine, de les distribuer de cette manière;* qu'ainsi l'artillerie et toutes les forces militaires doivent être employées à en chasser *les anciens possesseurs.....* Interrogez *la saine morale*, elle vous dira que toutes les forces physiques doivent être employées en faveur des *anciens possesseurs* contre les brigands. Voilà deux doctrines bien opposées. Laquelle est la véritable? c'est la dernière, parce que nos biens ne nous sont point du tout venus *des pactes sociaux*, mais *du travail de nos pères*, qui, les ayant possédés *en toute propriété*, les transmirent *en toute propriété* à leurs successeurs. Voilà le grand principe en fait de morale. C'est que *Dieu, qui est l'auteur de tout bien*, ne le donne jamais *qu'au travail* et aux fatigues, conséquemment *à la victoire de soi-même;* que ceux qui l'ont acquis originairement de cette manière, en sont *les véritables possesseurs*, eux et leurs héritiers, et que ceux qui emploient les forces physiques à les en dépouiller, seront sévèrement punis, quelque talens qu'ils aient d'ailleurs.

C'est donc *la morale* qu'il faut apprendre et *la morale* qu'il faut enseigner avant tout et par dessus tout. C'est là *la science des sciences*, celle qui doit précéder toutes les autres, parce que c'est elle qui apprend *l'art sublime* de diriger toutes les autres à l'avantage des États, et que, sans elle, toutes les autres ne peuvent servir qu'à précipiter la ruine du monde, et que plus elles sont avancées, plus elles sont terribles. Or, jamais *la morale* ne fut aussi négligée, aussi ignorée et aussi pervertie qu'elle l'a été de nos jours. *Écoles et instructions, colléges et institutions*, tout tendoit à la faire oublier; rien à l'apprendre. Nous souhaitons bien sincèrement qu'il se fasse dans les bibliothèques une réforme où l'on retranche dans nos livres philosophiques tout ce qu'il y a de mauvais. Si cette réforme se fait, ce sera le moyen bien sûr de rappeler la véritable lumière; si cette réforme n'a pas lieu; ces ouvrages achèveront de plonger le monde dans les ténèbres, et consommeront la perte des mœurs et la ruine du libre arbitre, en consommant celle du sacerdoce.

P. VI. *De l'aveuglement moral.*

Quand on dit qu'un siècle est *dans les ténèbres*, ce n'est donc pas des sciences physiques, mais de *l'aveuglement moral* dont on parle; de la privation de cette lumière divine, d'où naît *l'aveuglement déplorable*, qui mérite lui seul *le nom de ténèbres*. Dès qu'on ne voit pas, *qu'on sera puni*, toutes les fois qu'on prendra *le plaisir lui seul*, quelque éclairé qu'on soit d'ailleurs, on est plongé dans l'horreur des ténèbres.

C'est dans ce sens qu'on dit qu'autrefois tous les peuples païens, quelque éclairés qu'ils fussent dans les sciences physiques, marchoient *au milieu des ténèbres;* que les peuples barbares et idolâtres sont encore assis *dans l'horreur des ténèbres;* que les siècles d'impiété et d'irréligion sont *des siècles de ténèbres;* que ceux qui admettent des religions fausses rentrent *dans les ténèbres;* que, de nos jours, nous retournons à grands pas *dans les ténèbres;* que tous les pays où l'on méconnaît le vrai Dieu, *sont couverts de ténèbres;* que le sacerdoce véritable est *la lumière du monde*, et que l'Evangile est *la véritable lumière;* que partout où le vrai Dieu est connu, on est *dans la lumière*, et que partout où il envoie des ministres pour enseigner de sa part, il appelle les hommes *à la lumière;* que partout où l'on refuse ses envoyés, on rejette *la lumière*, et que partout où on leur ôte leur état, on éteint *la lumière*. Et ce sens est rigoureusement vrai.

Car quiconque ne sait ni d'où il vient, ni où il va, marche incontestablement *dans les ténèbres*. Or, interrogez tous les philosophes païens *sur l'origine et la fin de l'homme?* vous verrez qu'ils ne le savoient pas. Interrogez nos philosophes modernes *sur l'origine et la fin du monde*, sur l'homme et ses passions, sur le vice et la vertu, *sur la manière de faire le bien et d'éviter le mal,* sur l'origine des autorités, des biens et des propriétés; demandez-leur *par qui* les premières cités ont été bâties, les royaumes fondés, nos provinces peuplées, nos terres défrichées ? *si nos penchans tendent au mal,* s'il faut les dompter pour aller au bien ? si Dieu punira ceux qui les suivent, s'il récompensera ceux qui ne les suivent pas?... Vous verrez que, sur tous ces articles, nous sommes *dans des ténèbres* mille fois plus affreuses que celles du paganisme. Enfin demandez à cet homme qui ne prend que les biens et les plaisirs de ce monde, *où il va ?* vous verrez qu'il ne le sait pas. Il ne voit pas que tous les plaisirs conduisent *à la destruction, au pillage et au brigandage,* conséquemment *au malheur et à la désolation des peuples.* Il ne voit pas *qu'il en sera puni,* et n'aperçoit pas *l'abîme* où doivent aboutir finalement ses pas : donc il est aveugle. Toutes ses sciences et ses connoissances physiques ne sont que l'instrument *de son aveuglement* et de sa perte dans l'ordre des mœurs.

P. VII. *De la corruption morale.*

De cet aveuglement moral dut naître, dans tous les temps, *le dérèglement le plus affreux ;* car si, comme nous l'avons démontré, les penchans du corps ne veulent que *la consommation,* et qu'ils tendent *à l'infraction de la loi par leur nature,* ils y tendent aussi bien la nuit que le jour, dans les ténèbres qu'à la lumière, dans le secret que dans le public, dans les grands que dans les petits, dans les souverains que dans les sujets. *La morale* s'étend nécessairement à tous les hommes et à toutes leurs actions, et s'il en est une seule *sans récompenses et sans châtimens,* elle est essentiellement déréglée.

Ce n'est donc ni de la part des souverains, ni de la part des faux dieux, qu'on peut faire observer *la morale ;* mais de la part du *Dieu véritable* lui seul, parce que lui seul *a des récompenses et des châtimens pour toutes actions des hommes. En morale*, il ne suffit donc pas de donner des préceptes. Les philosophes païens débitoient de belles maximes, et leurs prêtres faisoient de superbes discours ; mais il leur étoit impossible d'obliger à les pratiquer, parce qu'ils n'avoient *ni pouvoirs ni mission, ni moyens ni motifs.* Partout où l'on ne parle plus *de la part du vrai Dieu*, les passions restent sans frein. En perdant de vue *les châtimens*, on ne cherche plus que *les plaisirs*, et en perdant de vue la loi de Dieu, on se plonge nécessairement *dans un abîme de corruption et de désordres ;* conséquemment on cesse d'être *libre.*

C'est dans ce sens qu'on dit que le temps du paganisme fut *un temps d'immoralité, de corruption et de désordres ;* que tous les siècles d'erreur, d'irréligion et d'incrédulité sont nécessairement *des siècles de désordres ;* que tous les pays où la religion s'altère et s'affoiblit, retombent *dans l'abîme du désordre ;* que partout où Dieu envoie des ministres annoncer sa religion, il rappelle les hommes *de la corruption et du désordre ;* que le sacerdoce véritable est *le sel de la terre ;* que partout où il se corrompt et où il n'y en a plus, que partout où l'on rejette les ministres du vrai Dieu, on reste *dans l'abîme du désordre ;* que partout où l'on se défait des ministres du vrai Dieu, on replonge les Etats *dans l'abîme de la corruption et du désordre.*

Abîme dont toutes les puissances humaines ne nous tireront pas. Au contraire, dès que les passions n'ont plus de frein, toutes les forces humaines deviennent nécessairement *les ministres des passions.* Voyez les Romains, à quoi ils firent servir leur puissance ? A détrôner les rois et verser le sang des peuples. Voyez notre siècle, à quoi il a employé la sienne ? A ravager toute la terre. Jamais on ne vit plus d'immoralité, de crimes et d'atrocités, parce que partout où le sacerdoce véritable se trouve dépouillé *de ses droits,* les sacerdoces faux n'ont plus le pouvoir de faire observer les lois de l'Etre suprème. *Mutaverunt jus ; dissipaverunt legem.*

2° SUR LA NOBLESSE.

Si Dieu a subordonné admirablement *les autorités divines* dans le sacerdoce, il n'a pas moins bien subordonné *les autorités humaines* dans l'ordre de la nature ; et s'il a mis une distance immense entre les premières, par révélation, il n'en a pas moins mis, par l'ordre seul des générations, entre les dernières, puisque, comme nous l'avons dit dans la question préliminaire, si *Ismaël* fut le *père universel* de sa nation, ses douze enfans ne le furent plus que d'un douzième, ses petits-enfans que d'un soixantième, et ainsi, en diminuant prodigieusement à chaque degré, jusqu'au dernier père de famille. Si les degrés de juridiction sont bien marqués dans l'ordre spirituel, on pourroit dire que, pour l'œil attentif, ils le sont encore d'une manière bien plus frappante dans l'ordre physique des naissances. Dans l'ordre de la nature, comme dans celui de la grâce, tout est l'ouvrage de Dieu, et admirablement gradué dans ses arrangemens.

Si, comme nous l'avons démontré dans notre premier volume, le *premier souverain* de chaque peuple fut tout simplement son *premier père*, ses premiers enfans furent, après lui, les *premiers nobles*. Les douze enfans de Jacob furent les chefs des douze tribus d'Israël, comme les douze enfans d'Ismaël furent ceux des douze tribus des Ismaélites. Ils étoient *ducs*, parce qu'ils étoient chefs, *duces* ; ils étaient *pairs*, parce que des frères n'ont naturellement aucune *autorité* les uns sur les autres, *pares*. Et ce que nous disons de ces deux nations, s'entend nécessairement de toutes les autres. Dans tous les pays où l'on a pu pénétrer, même chez les sauvages, on y a trouvé : 1° *des souverains* ; 2° *des ducs et pairs* ; 3° *des nobles et des patriciens*, parce que, dans quelque pays que ce soit, il est impossible de trouver des peuplades sans *pères et mères*, et des pères subalternes sans *un père souverain*.

Voilà la véritable origine de *la noblesse*. Jamais il n'y en aura d'autre : c'est *la haute paternité* qui en constitue *le droit* distinctif. Dans chaque peuplade, *les nobles* furent, après le souverain, *les premiers pères*, *les patriciens*, *les premières familles* de chaque nation, celles qui étoient nées avant les autres, qui ont les premières défriché et cultivé le pays. Voilà pourquoi, dès l'origine, il y a eu essentiellement *des nobles* partout; et il est aussi impossible de les détruire qu'il est impossible d'empêcher que chaque peuple n'ait eu des *pères* et des *premières familles* qui ont engendré les dernières.

Et qui a arrangé tout cela? sont-ce les peuples, sont-ce les hommes? non, c'est *Dieu lui-même*, immédiatement et de sa propre main. Ordre de la nature, ordre de la grâce, c'est lui qui a créé, arrangé et subordonné *tous les droits*, choisi ses premiers ministres. *Sacerdoce, noblesse, pères spirituels et pères temporels*, c'est lui qui a tout constitué d'abord. Après quoi tout a été transmis par la volonté légale de ses premiers ministres.

Dans l'ordre naturel comme dans l'ordre surnaturel, tant que les arrangemens de Dieu ont été conservés, les sociétés ont été stables, et les rangs sont restés gradués comme ils le furent dès l'origine. Mais dès que *le droit* a passé dans les mains de la multitude, que l'on a pris pour règle *le nombre, le mérite et les talens*, il a fallu tout détruire, tout briser, tout renverser, pour tout arranger à la nouvelle manière. De là, les variations, les révolutions et les bouleversemens épouvantables dont nous avons été les tristes victimes. Les prêtres perdirent de vue *leur paternité divine*, les nobles *la paternité temporelle* dont ils sont investis. Dès que l'idée de *paternité* disparut, les pères des peuples furent dégradés dans leur propre opinion, et n'eurent plus le pouvoir de faire observer les lois. *Mutaverunt jus, dissipaverunt legem.*

P. VIII. *De l'Etiquette.*

Le premier moyen dont se sont servi les factieux pour
avilir les grands, c'est la chute de *l'étiquette et de la représentation*. Commençons par la première.

« L'étiquette, dit *M. Duclos*, histoire moderne, est un
« cérémonial écrit, ou traditionnel, qui règle les devoirs
« extérieurs à l'égard des rangs et des dignités. » Dès
l'origine *la noblesse* fut essentiellement subordonnée *au
fondateur*, et les ordres furent subordonnés les uns aux
autres, par l'institution même de la nature, puisque ce fut
le degré successif de la naissance et *de la paternité* qui
forma naturellement la distinction des rangs. Le cérémonial qui règle cette subordination est ce qu'on appelle
l'étiquette : et c'est cette étiquette qui constitue *la cour*. Sans
elle, il n'y en a plus. Pour qu'un souverain paroisse à l'ex-
térieur ce qu'il est en effet, *le père universel* de son peuple,
il ne suffit pas qu'il soit élevé sur un trône, il faut que ce
trône ait des degrés, sur lesquels tous les grands rangés
avec ordre, forment au-dessous de lui le spectacle le plus
pompeux et le plus imposant aux yeux du public.

Parcourez tous les pays, partout vous verrez régner *l'étiquette* dans les cours. *A la Chine*, on ne sauroit paroître
devant le trône, quand même le souverain n'y seroit pas,
qu'en fléchissant trois fois les genoux, et qu'en frappant
neuf fois la terre de son front. Dans l'Afrique, on ne trou-
vera pas de petit souverain nègre, qui ne se fasse porter sur
un brancard dans ses voyages, entouré *de sa principale noblesse*. Dans l'Amérique, on ne verra point de petit chef
de tribu sauvage, qui ne se fasse bercer dans son hamac, et
qui n'affecte déjà les airs d'un petit seigneur. *Au Mexique
et au Pérou*, lorsque les conquérans du nouveau Monde y
arrivèrent, *M. Robertson* rapporte que *les nobles* ne pouvoient se présenter devant le souverain que pieds nus, et

sans lui rendre des hommages, qui alloient jusqu'à l'adoration. Où avoient-ils puisé *cette étiquette?* Dans la nature qui a, elle-même, subordonné les pères. 1° *Le père universel*, et ses enfans ; ensuite *les ducs*, ou les chefs de chaque tribu, puis *les premiers patriciens*, ensuite *les patriciens inférieurs*, et enfin *les plébéiens.* Voilà très-certainement la belle subordination dans laquelle naquirent les différens ordres, et c'est de cette sorte que chaque cour doit être constituée, si l'on veut se conformer au bel ordre prescrit par la nature. 1° *Le souverain*, qui étant investi de l'autorité du fondateur, est au-dessus de tout, dans tous les pays ; ensuite *les princes du sang*, la noblesse sacerdotale, la haute noblesse, puis la noblesse inférieure. Voilà l'ordre naturel *des pères*, et des diverses *autorités.*

Autrefois, *sous Charlemagne,* toutes les fois qu'il tenoit sa cour, *cette étiquette* étoit rigoureusement observée. Elle le fut de même sous *Saint Louis*, sous *Louis XIV* et sous tous nos grands rois. Le souverain étoit à sa place, et les grands, placés chacun dans leur rang, formoient, au-dessous de lui, une cour vraiment imposante. Alors *la noblesse* n'avoit point encore oublié que *l'autorité divine* étant la première de toutes, le sacerdoce formoit naturellement *le premier ordre* de l'état, même chez les païens. S'agissoit-il des assemblées générales, *les pontifes* y tenoient le premier rang. S'agissoit-il des bénéfices, et des aumônes ? c'étoient *les pontifes* qui présidoient à ces distributions ; de l'éducation des Princes ? c'étoient *les Bossuet, et les Fénélon* qui en étoient chargés : de l'enseignement public ? c'étoient les pontifes qui en avoient la première inspection. Partout la religion, assise majestueusement sur les premiers degrés du trône, surveilloit attentivement les factieux qui ne cherchent qu'à détruire. Aussi, sous ces grands monarques, le trône étoit-il solide ; *la noblesse* respectée, les propriétés défendues, les peuples paisibles, et les principes révolutionnaires soigneusement étouffés. On étoit généralement convaincu de cette vérité unanime-

ment reconnue chez tous les peuples de la terre, que *la re-*
ligion étant la gardienne des mœurs, elle étoit naturellement *la base des empires*, la protectrice de tous les ordres,
et la première fonction que *la noblesse* elle-même eût exer-
cée dans les premiers temps.

Alors, pour composer la cour, et pour s'y faire présenter,
la noblesse étoit une condition indispensable sans doute;
mais à la noblesse, il falloit joindre *de la religion*. Une personne suspecte dans sa conduite, et à plus forte raison
diffamée eût été rigoureusement rejetée. Alors, généralement parlant, la vertu étoit honorée, et le vice méprisé,
les places bien remplies, le souverain honoré, les princes
respectés, les princesses bien entourées, et la cour étoit
imposante ; les rangs y étoient parfaitement marqués.

Mais quand *l'opinion absurde de la souveraineté du
peuple* eut abattu tous les degrés du trône, nivelé tous les
ordres, et confondu tous les rangs, travesti *tous les pères* du
peuple *en simples commis*, et livré tout à la discrétion *des
factieux ;* alors les autorités furent méconnues, et les distinctions effacées ; *l'étiquette tomba* ; la cour disparut; *le
souverain* n'osa plus conserver son rang. Et dès que *le souverain* ne conserve plus son rang, *les grands* perdent bientôt
le leur. Il n'y a plus ni décence, ni représentation dans
toutes les parties de l'empire.

P. IX. *De la Représentation.*

Tant que les principes sont purs, que *le souverain* est
convaincu qu'il est, au droit du fondateur, *le chef de la
noblesse*, les grands se souviennent qu'ils sont *les pères du
peuple*, et le peuple ne perd pas de vue qu'il est naturellement subordonné aux grands. *L'Étiquette* que le souverain maintient à sa cour, donne le ton à tout le royaume,
et entretient la subordination dans tous les États. Chez
les Chinois où *le souverain*, pénétré de cette grande idée

qu'il est *le père du peuple*, soutient sa majesté à la tête des grands, *les grands* savent également maintenir leur dignité à la tête du peuple : et il en est de même, partout où la cour est bien tenue, et l'étiquette parfaitement observée.

Autrefois, avant la dégradation ignominieuse de notre siècle, il n'y avoit pas de petit gentilhomme de campagne, qui eût voulu se produire en public sans son épée, son plumet, et les distinctions particulières de son ordre. Partout, même dans les provinces, jamais *les nobles* ne paroissoient qu'avec une coiffure propre, des vêtemens amples et distingués. Leurs femmes n'avoient que des robes solides, il est vrai, mais d'une longueur, d'une magnificence, et d'une telle étendue, qu'il étoit impossible aux femmes du commun, d'en porter de pareilles dans leur négoce, ou dans leurs travaux. Tant que *la noblesse* fut ce qu'elle devoit être, que *les souverains* se produisirent en public avec leur cortége, les seigneurs avec leur suite, et les dames avec leur parure; qu'on les voyoit se présenter dans les grandes cérémonies, et s'avancer dans les cercles, et les sociétés ; la dignité de leur marche, la décence de leur maintien, et l'urbanité de leurs procédés, tout étoit imposant. A cet aspect, le peuple saisi de vénération reconnoissoit *ses pères*, se glorifioit d'avoir de pareils chefs, et s'honoroit d'obéir à leurs ordres. La majesté frappante de la cour, et l'appareil dont s'entouroient *les grands*, annonçoient au peuple qu'il existoit dans la noblesse *une paternité réelle*, qu'il étoit obligé de respecter; rappeloient perpétuellement *à la noblesse*, qu'elle possédoit une véritable distinction qui l'obligeoit à se respecter elle-même. Tout en elle étoit *noble*, grave et majestueux.

Qu'on raproche de cette antique noblesse, la noblesse actuelle telle qu'elle est devenue depuis que les principes sont pervertis ; coiffures, vêtemens, manières, tout est au-dessous du commun. Observez dans les hommes, et les femmes de qualité tout ensemble, cette attitude bourgeoise, cet abord familier, ce maintien populaire et léger, avec lequel on se salue, quand on se produit dans les sociétés.... *Où est donc la noblesse*, qu'est-elle devenue ? Dans ce corps auguste presque tout entier, plus de tenue, de dignité et de représentation. *Le seigneur* et le bourgeois, *le noble* et l'artisan, *la vertu* et le vice, la comédienne et *la dame de qualité*, tout est égal, tout est confondu, tout a le même costume et la même parure.... D'où vient cette dégradation ? De l'oubli de son origine. Un noble sauroit tenir son rang, s'il savoit qu'il est *père des peuples*.

P. X. *Fausse bravoure.*

Lorsque *le fondateur* de chaque cité eut fait les parts, il donna à *sa noblesse* le pouvoir de porter l'épée pour défendre *la patrie* contre ceux qui auroient la témérité de la troubler dans ses légitimes possessions. Et comme, dans ces temps primitifs, chaque père combattoit pour ses enfans, on peut juger combien *cette première noblesse* dut être brave.

Il est donc, une guerre juste qui tend à défendre, et une guerre injuste qui tend à attaquer; des conquêtes injustes qui se font en attaquant, et de justes qui se font en se défendant, parce que celui qui attaque injustement mes possessions, mérite de perdre les siennes. Il est donc *une fausse bravoure* qui tend à dévaster, *et une véritable* qui tend à défendre; *un vrai point d'honneur* qui tend à protéger, et *un faux* qui tend à détruire. Ce n'est pas l'audace qui constitue *la bravoure*, mais le bon ou le mauvais usage qu'on en fait. Ce n'est pas le nombre des armées, mais le but pour lequel on les destine. Si c'est pour faire le bien, *c'est vertu.* Si c'est pour faire le mal, *c'est un vice.* Tout acte qui tend à attaquer, à piller et à ravager, conséquemment *à assouvir ses passions,* est une bassesse, une lâcheté, une infamie réprouvée par le droit naturel; un forfait et un attentat condamnable, contre lequel toutes les puissances doivent marcher, si une seule ne suffit pas pour le punir.

D'après cela, que d'idées fausses *sur la bravoure, la gloire et le point d'honneur !* Que de grands hommes prétendus, et de guerriers célèbres à effacer de la liste des héros ! Quoi, s'écrient tous les publicistes sensés sans aucune exception : quoi, ces âmes lâches esclaves de leur ambition, ces cœurs serviles qui n'ont pas la force de mettre un frein à leurs désirs, ces brigands fameux qui ne respirent que la dévastation, qui pillent les temples, détruisent les autels, renversent les trônes, trahissent leurs souverains, se battent contre eux jusqu'à extinction, s'honorent de servir sous des rebelles et des usurpateurs, de leur jurer fidélité, de les regarder comme leurs maîtres, qui brûlent les villes, ravagent les campagnes, qui se jouent au milieu des ruines, qui ne comptent pas plus la vie des hommes que celle d'un vil bétail ; ces monstres furieux d'autant plus terribles qu'ils sont plus forts ; ces tigres altérés de sang et de carnage, qui marchent, sur des tas de cadavres, à la gloire de tout détruire et de tout exterminer, on les appellera *des braves*, on leur prodiguera le titre *de héros !...* Mais dans ce cas, qu'étoient donc *les Hercules*, et les bienfaiteurs immortels du genre humain, qui portoient les armes pour purger la terre de ces monstres dévastateurs ?

Ils ont, dit-on, *remporté de grandes victoires, obtenu de grands succès, ils possèdent parfaitement l'art de la guerre !...* Tout ce que vous voudrez. Ce seroient *de grands hommes* s'ils consacroient leurs talens au bien ; mais dès qu'ils les emploient au mal, ce sont *de grands brigands.* Malheur au siècle qui produit *de pareils braves,* et aux générations infortunées qui voient éclore de pareils *héros.* Leur gloire est celle des léopards ; leur force, celle des ouragans et des tempêtes ; leur vertu, celle des incendiaires ; leur habileté, celle des assassins, qui comptent le nombre de leurs exploits par leurs meurtres et leurs brigandages. Grand Dieu ! si le monde est convenu de donner le titre *de braves* à ceux qui le ruinent : si *le crime* a pris dans l'opinion la place *de la vertu*, et *la vertu* la place *du crime*, où en sont donc aujourd'hui les principes, et les notions? Si, après avoir peuplé un pays par mes descendans, je verse courageusement mon sang pour le défendre, je suis *un brave*, et je mérite, par mes exploits, ce titre glorieux. Si je ne le faisois pas, je serois *un lâche*, puisque, par ma pusillanimité, je livrerois à la mort ceux que je suis tenu de défendre. *Voilà le cas de la défense légitime.* Mais celui qui, emporté par son ambition, vient ravager les cités que j'ai bâties, les vignes que j'ai plantées, les campagnes que j'ai cultivées, moissonner le fruit de mes travaux, pour s'épargner la peine d'en faire de pareils; qui se plaît à voir couler les larmes, à s'abreuver de sang, à porter le deuil, et la dévastation chez ses voisins, quelque audacieux qu'il soit d'ailleurs, ce n'est point *un brave*, mais un monstre. Qu'on y fasse bien attention, la bravoure est *une vertu*, et la vertu suppose toujours *la victoire de soi-même.* Celui qui a le courage d'acquérir *du bien*, et de le défendre, est *un brave*, parce qu'il dompte ses penchans. Celui qui pille *le bien* des autres est *un lâche*, parce qu'il suit ses passions. Et *la lâcheté* ne convient pas *aux pères des peuples.*

P. XI. *Faux point d'honneur.*

Mais si cette fausse bravoure qui ravage le monde et porte la désolation chez de paisibles étrangers, est *une lâcheté*, que dire de celle qui nous porte à égorger nos propres concitoyens? Qu'eût dit le fondateur de chaque cité, si, après avoir remis l'épée *à ses nobles*, il les eût vu s'en servir pour dépouiller leurs propres frères et se massacrer les uns les autres? « Quoi, se fût-il écrié, si un pareil attentat eût été « commis sous ses yeux, je vous ai donné une épée pour dé- « fendre *votre patrie*, et vous la lui plongez dans le sein, « pour sauver ma famille, et vous l'exterminez, pour dé- « fendre les propriétés, et vous les ravissez, pour protéger

« vos frères, et vous les égorgez ! Mais, vous vous entendez
« donc avec mes ennemis et les vôtres, vous servez haute-
« ment leur cause, en les aidant à dépeupler mes armées, et
« à exterminer mes combattans. Vous vous constituez mes
« adversaires, et vous vous en faites *un point d'honneur ;*
« mais à mes yeux, c'est la plus basse de toutes les infamies
« et le plus coupable de tous les forfaits. »

Tel eût été le langage du fondateur indigné, s'il eût vu
dans l'origine, deux de ses descendans *se battre en duel* en
sa présence. Après avoir arraché l'épée à celui qui en eût
fait un pareil abus, il l'eût dégradé *de noblesse,* livré au
supplice le plus infamant, comme rebelle à son souverain,
le fléau de ses frères, et l'ennemi déclaré *de sa patrie ! .* Depuis que la population est augmentée, ce crime a-t-il donc
changé de nature? Et si cet attentat eût été une infamie du
temps *du père universel,* comment est-il devenu *un point
d'honneur* sous le souverain qui le représente?

Encore si *ce faux point d'honneur* ne moissonnoit pas autant de victimes!.... Mais qui pourroit calculer toutes les
divisions qu'il suscite, toutes les vengeances qu'il enflamme,
toutes les représailles qu'il éternise, toutes les guerres
meurtrières qu'il entretient entre les différens corps? Sou-
vent on a vu, pour d'anciennes querelles, des bataillons
entiers se massacrer, en attendant que leurs successeurs se
massacrent encore de nouveau, partout où ils se rencon-
treront.

Encore, si *ce faux point d'honneur* ne tomboit que sur
des lâches!.... Mais qui pourra jamais évaluer les sujets
précieux qu'il a immolés? qui pourra jamais fermer les
plaies incurables qu'il fait à la patrie?... De braves soldats
couverts de blessures, des officiers distingués par leurs exploits, tombant sous la main d'un brutal furieux, et obligés
de se livrer *à sa brutalité,* parce que, s'ils ne le faisoient
pas, on les chasseroit de leurs corps. Et qui les en chasseroit? *La noblesse militaire,* qui porte les armes pour punir
les assassinats et défendre les propriétés.

Encore, si *ce faux point d'honneur* ne révoltoit pas la raison, qu'il ne renversât pas tous les fondemens de l'ordre social!... Mais depuis quand est-il permis de tuer un concitoyen, sans sentence et sans jugement, *de son autorité privée ?* Dès que la guerre est déclarée par le souverain, *l'arrêt de mort* est prononcé contre les ennemis : tombez sur eux l'épée à la main. En le faisant, vous serez *un brave,* parce que vous marcherez *au signal de l'autorité.* Mais celui que vous provoquez en duel, est-il condamné ? La loi vous a-t-elle constitué pour exécuter contre lui l'arrêt de mort?... S'il n'y a pas de jugement, c'est donc *un assassinat de sang froid,* conséquemment le plus révoltant de tous les assassinats. Voilà donc la vie humaine livrée à l'arbitraire, toutes les lois de la nature, de la raison et de l'ordre social violées, dans le point le plus important. Et par qui ? *par la noblesse militaire :* par ceux qui portent les armes pour défendre les personnes et les propriétés.

L'honneur, dit-on, est plus cher que la vie !... Cela est très certain; c'est-à-dire, qu'il vaut mieux mourir que de manquer *à l'autorité légitime,* et d'aller contre les lois. *L'honneur,* disent très bien nos encyclopédistes (*art. honneur*) *est l'estime qu'on mérite par sa vertu.* Si on transporte au crime *l'estime* qu'on doit *à la vertu,* c'est une véritable conjuration contre *l'honneur.* Celui qui marche contre les ennemis se couvre de gloire, parce que *la loi* lui ordonne de donner sa vie *pour la patrie.* Celui qui se bat en duel, se couvre d'opprobre, parce que *la loi* lui défend de donner la mort pour une injure.

P. XII. *Remède de ce faux point d'honneur.*

On se plaint tous les jours qu'il n'y a point de remède contre *ce faux point d'honneur !...* Il y en a un aussi immanquable que pour tous les autres crimes. *C'est le châtiment.* Qu'on annonce solennellement que celui qui se battra en duel sera exécuté *comme homicide,* sur l'échafaud s'il est vivant! et porté ignominieusement aux fourches patibulaires quand il seroit mort. Qu'après cette proclamation, on soit inexorable. Voilà ce qu'eût fait dans l'origine *le fondateur* de la cité, s'il eût vu ses descendans se massacrer les uns les autres. Et ce qu'eût fait *le fondateur*, *le souverain actuel* est obligé de le faire maintenant : qu'on flétrisse d'une peine infamante *ce faux point d'honneur*, il redeviendra bientôt ce qu'il est dans sa nature et dans son essence, *une lâcheté et une infamie*. Or, très certainement, quoiqu'en dise le préjugé, celui qui provoque en duel, est un lâche; *un lâche* parce qu'il ne sait pas se dompter lui-même; *un lâche* parce qu'il se livre bassement à sa colère, à son emportement et à sa vengeance, et qu'il se laisse dominer par ses passions, au point de sacrifier à son ressentiment *la vie* de son semblable. *Voilà la lâcheté*. Et cette lâcheté, comme toutes les actions vicieuses, ne peut être contrebalancée que *par les châtimens*.

Mais pour que le remède soit efficace, il faut que le châtiment soit sûr, et qu'il tombe sur le coupable. Si l'on punit en même temps, et celui qui provoque en duel, et celui qui refuse. Si tandis qu'on favorise l'évasion de celui qui transgresse *la loi*, on chasse de son corps celui qui l'a suivie. Si on applaudit *au crime*, et qu'on déshonore *la vertu*; c'est se jouer cruellement de la justice, de la probité, des lois et de ses propres sermens.

Qu'est-ce qui perd tout? *c'est la mollesse de l'autorité*. Si le souverain étoit ferme, *sa fermeté* seroit la réponse à tout. « S'il vous plaît de périr ignominieusement sur « l'échafaud, diroit-on à l'agresseur : moi, je ne le veux pas. « Allez trouver le souverain. Apportez-moi la permission de « vous égorger. Je marcherai à ses ordres. » Voilà toute la réponse.

D'ailleurs, si le souverain était ferme. La noblesse militaire, dans la supposition qu'elle persistât dans ses préjugés, se montreroit ouvertement rebelle *à la loi*, ennemie déclarée de la subordination, révoltée contre son chef, favorable à l'homicide et à la ruine de la patrie. Et si, malgré *la fermeté* obligatoire des souverains, il arrivoit encore quelques transgressions; au moins, par cette fermeté, les coupables seroient punis, les lois vengées, l'innocence soutenue, et le scandale révoltant du crime applaudi n'existeroit plus.

C'est ainsi, qu'ayant placé la création de la noblesse *dans les pactes sociaux*, et effacé ju qu'aux vestiges *de son origine paternelle*, les factieux lui ont donné des idées fausses *de sa destination, de sa dignité, de la bravoure et du point d'honneur;* qu'elle n'a plus connu ce qu'elle devoit être, parce qu'on lui a fait totalement oublier *ce qu'elle est. Mutaverunt jus, dissipaverunt legem.*

3° SUR LE TIERS-ÉTAT.

Si les nobles doivent se souvenir qu'étant *les pères des peuples* ils sont tenus de les protéger, et de conserver à leur égard tous les sentimens *paternels, les plébéiens*, de leur côté, ne doivent jamais perdre de vue qu'étant les enfans des *patriciens*, ils doivent rester, sous eux, dans la soumission et la subordination où Dieu les a placés; que *leur nombre, leur mérite et leurs talens* ne leur donnent, par eux-mêmes, *aucune autorité*, et qu'ils seront toujours au-dessous de ceux qui leur ont donné le jour, quelque nombreux qu'ils soient d'ailleurs. De-là les principes suivans.

P. XIII. *Le nombre, la plus fausse de toutes les règles en fait de gouvernemens.*

Est-il juste, dit-on, *que vingt millions d'hommes dépendent de deux millions ?...* Cette question captieuse, faite pour tromper ceux qui, par état, sont obligés d'être souverainement justes, n'a pas tardé à manifester tout le poison qu'elle recéloit, par la perversité de ses effets. Pour sentir d'un seul coup tout ce qu'elle a d'illusoire, il suffit de se demander à soi-même : est-il juste que six enfans dépendent d'un seul père, cent écoliers d'un seul professeur, cent mille hommes d'un seul général, trente millions d'un seul souverain, tout l'univers de l'Être suprême ?... Dieu, qui meut tout par des voies simples, n'a jamais subordonné *l'autorité* au grand nombre, mais le grand nombre à *l'autorité*. Un seul *Auteur universel* à la tête de la création, un seul à la tête du genre humain, un seul à la tête de chaque peuple, un seul à la tête de chaque tribu, un seul à la tête de chaque maison. Dans le spirituel, un seul chef à la tête de toute l'Eglise; un seul à la tête de chaque diocèse, un seul à la tête de chaque paroisse : pourvu qu'il ait *l'autorité*, voilà tout ce qu'il lui faut; et *cette autorité universelle*, que nous cherchons *dans l'universalité*, Dieu l'a placée originairement dans un seul, sans qu'elle puisse jamais venir d'ailleurs.

Et comment *cette autorité*, physiquement plus foible, devient-elle cependant plus forte que le *grand nombre* ?... C'est 1° Parce qu'à *l'autorité* sur les personnes, Dieu a joint *la disposition équitable* des liens communs. Pourquoi *un père, un général, un souverain*, peuvent-ils faire *la loi* à leurs sujets dans le civil? c'est parce qu'ils sont les maîtres d'assurer des biens à ceux qui le méritent, et de les refuser à ceux qui ne le méritent pas. Et il en est de même dans le spirituel. A qui Dieu a-t-il donné la dispensation *des biens spirituels*, dans un diocèse ?... c'est à *l'évêque lui seul*: voilà pourquoi, quoique seul, il peut faire *la loi* à tous ses diocésains, dans la dispensation des biens spirituels. *L'autorité* sur les personnes : *Le domaine* sur les biens communs, voilà la force *du pouvoir législatif*; et il est de son essence de n'être pas dans la main des sujets. 2° C'est parce que Dieu a placé *le droit* dans une région où toutes les forces physiques du grand nombre n'atteindront jamais : *dans la volonté du premier propriétaire*.... Quand l'univers entier se révolteroit contre Dieu, tout un peuple contre un souverain, toute une famille contre son père, tout un diocèse contre son évêque, pourroit-on jamais le dépouiller de ses *pouvoirs ?* cela est impossible; parce que *le droit* ayant été acquis *par la volonté* du premier propriétaire, jamais il ne pourra être transmis à d'autres que par l'effet de ses volontés. Si je suis ce premier propriétaire, je sais que je peux apposer des conditions à la possession de mes pouvoirs, telles que celles du bien public, du crime, ou de la non réclamation pendant tel temps; mais ces conditions dépendent toujours de mes volontés, et non pas de celles *du grand nombre.* Le monde physique seroit bouleversé de fond en comble, que *le monde moral* ne se dérangeroit pas. Voilà pourquoi cent écoliers tremblent sous un seul professeur; toute une armée sous un seul général, vingt millions d'hommes, sous un seul souverain : parce que jamais ni la force, ni les armées, ni le grand nombre ne pourront lui arracher, ni ses droits, ni ses pouvoirs. Ce n'est point au grand nombre, mais *au chef* que Dieu a conféré sa puissance.

Je sais que, dans tous les corps en général, conciles, états, chambres, tribunaux, communautés, tout se décide *à la pluralité des suffrages;* mais dans toutes ces assemblées, on ne doit admettre que *des chefs.* Dans la plus petite assemblée de paroisse, on ne doit admettre que *des chefs de famille* qui aient des droits à conserver; de sorte que la majorité de la plus grande assemblée n'est jamais qu'une infiniment petite minorité de la totalité d'un peuple. Or, est-ce là ce que nous entendons par notre règle *du grand nombre,* auquel nous voulons donner le pouvoir de gouverner?...... point du tout. Dans notre délire inconcevable; c'est une nation entière réunie, on ne sait comment, dans une vaste plaine, qui, s'étant mise à la place du Tout-Puissant, tira tout du néant, en vertu de sa volonté suprême. *Souveraineté, noblesse, pouvoirs, droits, propriétés,* rien n'existoit encore. Ce fut elle qui créa tout, qui distribua tout, et qui peut tout reprendre quand elle le jugera à propos. Et qu'entend-on par *ce corps collectif de nation ?* comme celui de peuple, c'est un fantôme imaginaire qui n'a jamais fait un corps à part. Voilà cependant le monstre auquel nous attribuons la disposition de tous nos droits ! Et quels sont les individus dont se trouve composé *ce grand nombre ?* c'est, dans tous les pays, une foule innombrable de pauvres, de mendians, d'ouvriers et d'individus qui n'ayant rien, ne peuvent désirer que le pillage et la ruine de ceux qui ont, puisqu'étant obligés de travailler pour vivre, ils aimeront mieux vivre de pillage si on leur dit qu'ils ont *le droit* de le faire ; et on le leur dit, puisqu'on les constitue les maîtres de tout par leurs représentans. Voilà ce qui est arrivé, et ce qui devoit arriver nécessairement en prenant le peuple pour maître. Le pouvoir terrible de piller, de prendre, d'égorger, de massacrer, de brûler, d'incendier et de commettre tous les crimes, au *nom du grand nombre*, voilà évidemment la puissance que nous attribuons à ceux qui nous gouvernent d'après la règle *du grand nombre du peuple*. Peuples et souverains de la terre, et vous n'avez pas frémi à la vue de pareils pouvoirs ! et vous voulez encore constituer des gouvernemens à raison *du grand nombre !* Quand ce brigandage finira-t-il ? je n'en sais rien. Tout ce que je sais, c'est qu'il continuera tant qu'on suivra des règles fausses, et que celle *du grand nombre* est très-certainement la plus fausse de toutes les règles en fait de gouvernemens. Ce n'est point *au grand nombre*, mais à un infiniment petit, que Dieu a donné des droits *d'autorité et de domaine*. Tout ce que je sais, c'est que, dès l'origine, par la succession seule des naissances, il y eut toujours des souverains et des sujets, des pères et des enfans, des grands et des petits, des familles patriciennes qui avoient déjà de grands biens et de grands pouvoirs avant que les derniers vinssent au monde ; que le peuple, quelque nombreux qu'il fût, quand il fut formé, n'eut jamais le droit de disposer des pouvoirs des grands qui avoient travaillé avant eux ; que ces grandes distributions qui se firent par les peuples, *à la pluralité*, sont des contes aussi absurdes qu'impossibles, puisque ce fut Dieu lui-même qui distribua, dès l'origine, successivement à chacun, *des droits* et des pouvoirs, à raison de leurs travaux et de leur naissance, comme c'est lui qui le fait encore tous les jours.

Tout ce que je sais, c'est que, dans tous les pays, *le tiers-état* ne parut que très-tard ; qu'il ne fut admis aux délibérations que lorsqu'il eut des propriétés, que *le grand nombre* ne donna jamais des droits, non-seulement dans les deux premiers ordres, mais dans le dernier ; que, dans les assemblées mêmes, ce n'est jamais qu'à une très-petite minorité d'hommes choisis, et qui ont *de grands droits* à défendre, que chaque ordre doit confier le soin de ses intérêts : *Non numerantur sed ponderantur ;* que *le droit* n'a jamais pu dépendre *du nombre*, sans quoi les voleurs auroient *des droits* sur la bourse du voyageur ; que, quand le grand nombre décréteroit à la pluralité que mon bien n'est point à moi, il ne m'appartiendroit pas moins, d'après la volonté du premier propriétaire ; que faire dépendre *le droit* de la décision *du plus grand nombre*, comme on veut le faire de nos jours, c'est renverser le monde moral de fond en comble, et livrer, sans aucune exception, tous les supérieurs à leurs inférieurs, les riches aux pauvres, les grands aux petits, le souverain à ses sujets, l'évêque à ses diocésains, le pasteur à ses ouailles, le seigneur à ses vassaux, le père à ses enfans, le maître à ses ouvriers, Dieu lui-même à ses créatures ; que le dernier du peuple ne voudra jamais livrer sa femme et ses enfans à la discrétion *du grand nombre ;* qu'en fait de gouvernemens, la règle *du grand nombre* est incontestablement la plus fausse, la plus terrible et la plus désastreuse de toutes les règles.

P. XIV *Le mérite, autre règle détestable en fait d'autorité.*

Le mérite personnel, voilà, dit-on, la grande règle d'après laquelle tout fut arrangé dans le commencement, et on ne la suit plus de nos jours. De là, ces clameurs interminables, qu'on ne pense plus au *mérite*, qu'on n'a plus égard *aux talens*, qu'il faut enfin, dans un siècle de lumières, en revenir aux règles primitives, arranger tout d'*après le mérite personnel*, sans égard aux distinctions chimériques de sang et de naissance.

Le mérite personnel!.... Quand cette fameuse règle a-t-elle été suivie, et par qui?... c'est ce qu'il seroit difficile de nous dire. Certes, comme nous l'avons démontré, ce fut Dieu qui, dans l'origine, donna des chefs à tous les peuples : mais fut-ce à cause de *leur mérite personnel ?* non; puisqu'ils n'en avoient aucun avant leur naissance. Ce fut parce qu'il lui plut de les faire naître les premiers : *quià sic fuit voluntas.* Certes, ce fut Dieu lui-même qui fit les douze enfans d'Ismaël *ducs et pairs. Generabit duodecim duces.* Mais fut-ce en considération de *leur mérite personnel ?* non ; ce fut parce qu'il le voulut ainsi : *quià sic fuit voluntas.* Certes ce fut Dieu lui-même qui constitua partout *des ducs* avant ces peuplades, et *des souverains* avant *ces sujets;* partout des *premières familles* avant les dernières, et *les pères* avant les enfans. Mais fut-ce à raison du mérite personnel? non : ce fut parce qu'il le voulut ainsi : *quià sic fuit voluntas.* Cependant ce fut à eux qu'il donna *l'autorité* et tous les pouvoirs nécessaires pour gouverner leurs descendans.

Enfin, dans l'ordre surnaturel, ce fut lui qui choisit ses douze apôtres, et qui les investit des premières dignités de l'Eglise. Mais fut-ce à cause *de leur mérite personnel ?* non, puisqu'ils étoient presque tous sans érudition et sans talens; mais parce qu'il le voulut ainsi, pour manifester sa toute-puissance : *quià sic fuit voluntas*. Voilà donc Dieu lui-même qui, dans la distribution des places, même éligibles, ne suit point du tout la règle fameuse *du mérite personnel*, mais cette loi inviolable elle seule, qu'un premier propriétaire est le maître de disposer de son bien suivant sa sagesse, et que, quand il a jugé à propos de le donner à quelqu'un, nul autre que lui n'a le droit de déranger ses suprêmes dispositions.

Mais nos pères, quand ils eurent reçu de Dieu *des souverainetés et des duchés, des droits et des pouvoirs*, à qui les laissèrent-ils en mourant? Fut-ce *au mérite personnel?* non, mais à leurs descendans, suivant l'ordre de la naissance; et ils le firent parce qu'ils le voulurent ainsi, et qu'ils préférèrent cet ordre, comme infiniment plus stable que celui *du mérite et des talens*. Mais nous-mêmes, quand nous avons acquis des biens ou des droits quelconques, à qui les laissons-nous en mourant, est-ce au *mérite personnel?* non, mais à notre famille et à nos descendans, conséquemment à l'ordre de la naissance; et nous avons défié de citer un seul philosophe qui n'en fasse autant. D'où l'on peut conclure, sans aller plus loin, qu'après la règle *du grand nombre*, celle *du mérite personnel* est la plus détestable, la plus désastreuse et la plus impraticable en fait de gouvernemens.

1° *La plus détestable*. Certes, à commencer *par le trône*, nous soutenons que la constitution qui l'adjuge au premier, de mâle en mâle, dans l'ordre de la primogéniture, est incontestablement la meilleure de toutes. Nous soutenons encore que les constitutions héréditaires valent infiniment mieux que les constitutions électives. Or, la règle *du mérite personnel* renverseroit de fond en comble toutes les constitutions. Mais ce que nous disons du souverain dans son empire s'entend du duc dans son duché, du seigneur dans ses terres, et du dernier père de famille dans sa maison. Partout Dieu a attaché *l'autorité naturelle* à la paternité, et conséquemment à l'ordre de la naissance; et c'est avec *l'autorité* que l'on gouverne : donc le degré *d'autorité et de naissance* doit être de la première considération en fait de gouvernemens.

2° *La plus désastreuse de toutes les règles.* Si tout étoit dû au *mérite personnel*, nous soutenons qu'il n'y auroit plus ni lois, ni coutumes, ni usages, ni successions, ni propriétés ; que ce que je possède maintenant ne seroit plus à moi dans l'instant même, puisqu'il appartiendroit *au plus méritant*, et que je suis bien sûr qu'il en est des milliers de plus méritans que moi dans le monde ; que, d'après cette règle terrible, depuis le souverain sur son trône jusqu'au dernier pauvre dans sa maison, il n'en est pas un seul qui ne se trouvât placé sur le bord d'un abîme, où il pourroit être précipité à chaque instant par celui qui prétendroit avoir plus *de mérite* que lui, lequel y seroit ensuite précipité par un autre, qui auroit les mêmes prétentions à son tour.

3° *La plus impraticable de toutes les règles*, même dans les places éligibles, puisqu'il n'y a rien de plus variable que *le mérite personnel*, que celui qui en a aujourd'hui, pourra très-bien ne plus en avoir demain, et peut-être dans deux heures. Après la mort, lorsque le libre arbitre n'existera plus, Dieu pourra rendre à chacun selon ses œuvres ; et il le fera très-certainement sans autre considération que celle *du mérite personnel :* mais dans ce monde, fait pour exercer l'être moral, où c'est dans chaque état une vicissitude perpétuelle de vices et de vertus, d'ordre et de désordre, de mérites et de démérites, si Dieu lui-même vouloit suivre la règle *du mérite personnel*, il n'est pas un seul individu qui, par sa position morale, ne se trouvât peut-être plusieurs fois par jour, tantôt souverain, tantôt sujet; tantôt seigneur, tantôt vassal ; tantôt patricien, tantôt plébéien ; tantôt officier, tantôt soldat; tantôt placé, tantôt sans emploi ; tantôt dans sa maison, tantôt dehors : Dieu seroit perpétuellement obligé de bouleverser ce qu'il a fixé par la succession des naissances.

Plus de distinction de naissance, dit-on : *le mérite seul.*

Plus de distinction de naissance !.... Mais si c'est précisément par là que je suis *roi*, que j'ai droit au trône, aux domaines, à la noblesse et aux possessions de mes pères; par là que, dans le tiers-état même, j'ai le tiers, la moitié, le quart de la fortune de mes ancêtres, si c'est par la succession seule des naissances que Dieu a gradué les ordres, les rangs, les autorités naturelles, les paternités, les propriétés et les travaux eux-mêmes, et qu'il soit défendu d'y avoir égard, me voilà donc dépouillé de tout, moi et mes héritiers, et même les vôtres : voilà donc les arrangemens de Dieu et ceux des premiers propriétaires perpétuellement bouleversés de fond en comble !....

Le mérite personnel !.... Mais qu'entendez-vous par là ? Est-ce l'esprit, les talens, les hauts faits guerriers ?.... Mais si, depuis trente ans, vos grands guerriers ont employé leurs talens à piller, à dévaster et à détruire, à inonder la terre de sang, qu'ont-ils mérité par là, sinon la potence dans ce monde, et la damnation éternelle dans l'autre ?.... Vous voyez donc bien que, par son essence, cette fameuse règle *du mérite,* que vous voulez mettre au-dessus, est essentiellement au-dessous , puisqu'elle suppose des récompenses et des châtimens , des lois , des supérieurs et des juges.

Le mérite personnel !.... Et quel sera le juge de *ce mérite personnel ? le grand nombre,* à la pluralité des suffrages. Quoi ! ceux qui n'ont pas mon bien et qui le désirent ! quoi ! partout le monde renversé ! partout les sujets juges des souverains, les inférieurs de leurs supérieurs, les serviteurs de leurs maîtres !.... Et si ceux qui désirent ma place jugent que j'en suis indigne, comme cela ne manquera pas , que ferai-je seul contre cette majorité ?.... Et si, dès que le jugement sera porté, la nation entière est obligée de marcher pour appuyer l'exécution, voilà toutes les vies, toutes les fortunes, toutes les propriétés, tous les individus du peuple livrés à la discrétion *du grand nombre !...* Quel siècle que notre siècle, et quelles règles que les règles que nous avons adoptées !... Elles devoient tout bouleverser et tout détruire, inonder la terre de sang, et elles l'ont fait; produire la plus terrible de toutes les révolutions, et elles l'ont produite. Le mérite, par lui-même, ne donne *aucune autorité*; sans quoi il y auroit beaucoup de domestiques qui auroient *autorité* sur leurs maîtres, d'enfans sur *leur père*, de soldats sur *leurs officiers*, de sujets sur *leurs souverains*, de prêtres sur *leurs évêques*. Toutes ces règles modernes sont détestables. Pour *mériter*, il faut travailler en sous-ordre.

Mais enfin, dira-t-on, il est des cas, même dans ce monde, où il faut avoir égard au *mérite personnel* : quand avoir égard *au mérite* ? quand *à la naissance* ?

P. XV. *Quand avoir égard au mérite ? quand à la naissance ?*

Voici, en très-grand abrégé, les principales règles pour ces sortes de distributions.

Partout où il n'est question que de sciences, de littérature et de beaux-arts, en supposant toujours l'inspection *de l'autorité*, que le plus habile ouvrier ait la préférence; le meilleur écolier la première place; que le meilleur discours remporte le prix. Partout, même où il n'est question que des basses places d'exécution, c'est au plus habile, au plus adroit ou au plus spirituel que chaque maître doit donner ses commissions : c'est là que va très-bien la *règle du mérite personnel*; et l'application en est immense, puisqu'elle a lieu partout où il n'est pas question de gouverner des hommes.

2° Dans les places subalternes des gouvernemens, où les maîtres gouvernent en sous-ordre, il faut encore avoir beaucoup égard *au mérite* et aux talens. Par exemple, dans le spirituel, s'il est question des cures et de toutes les places du bas clergé en général, que l'évêque établisse un bon concours, où les connoisseurs discutent rigoureusement quel est le sujet le plus convenable à la place vacante, par sa capacité, son caractère, son application et ses vertus. Qu'on en fasse autant, si l'on veut, dans le militaire, la magistrature inférieure, et pour toutes les places en sous-ordre. C'est là que va encore parfaitement la règle du *mérite personnel*; et ces places de gouvernement qui conviennent au dernier ordre du peuple, sont encore innombrables.

3° Mais quand il est question des grandes dignités et des grands emplois, par exemple, dans le spirituel, des sièges et des prélatures; dans la magistrature, des cours souveraines et; dans les armées, des premiers grades, alors le *mérite* ne suffit plus. Il faut, avant tout, un grand nom, une grande antiquité et une grande naissance : et quand on a vu, aux approches de la révolution, placer les talens au-dessus de la naissance, pour ces grades supérieurs, on a pu prévoir d'avance la dégradation de notre siècle, et les désordres effrayans qui devoient s'en suivre.

4° Quand nous disons que, dans les places supérieures, le *mérite* ne suffit plus; nous sommes loin de vouloir l'exclure. Si je suis souverain, et que j'aie besoin *d'un général,* je ne prendrai pas un lâche. Il est incroyable à quelles épreuves les chefs des sauvages eux-mêmes soumettent celui qui doit les conduire à la guerre : *Duces ex virtute.* Mais ce général, ils le choisissent parmi eux, et non parmi leurs sujets. Il faut toujours qu'il soit d'une haute naissance. Dans le militaire, la magistrature, et dans le sacerdoce surtout, les grandes dignités exigent de hautes qualités et de grandes vertus. Mais ces grandes vertus, il faut les prendre dans le corps de la noblesse, et point ailleurs; ou, s'il se trouve dans le troisième ordre des hommes rares et d'un mérite transcendant, il faut les anoblir avant de les y élever, parce que Dieu a attaché à la noblesse une *autorité patricienne*, et une paternité naturelle que les talens ne donnent pas, quelque sublimes qu'ils soient d'ailleurs. Ce sont ces degrés *d'autorité et de paternité,* inhérens à la naissance, et qui décroissent prodigieusement à chaque génération, qu'on ne connoît plus ; et c'est cependant *ce droit de paternité*, que *le mérite* ne donnera jamais, qui fait l'âme des gouvernemens, et le pouvoir moral de ceux qui gouvernent. Plus la place est élevée, plus il faut avoir égard à la naissance : *Père et mère honoreras.*

5° On nous dira peut-être que, dans le spirituel, les apôtres n'étoient pas nobles.... non, sans doute ; mais Dieu leur avoit donné le pouvoir de guérir les malades, de chasser les démons et de ressusciter les morts, et on peut se passer de *la noblesse naturelle* avec une pareille puissance. Toutes ces exceptions à la règle ne font que la confirmer. Car si, dans le cas extraordinaire de l'établissement de l'Église, il fallut *une noblesse extraordinaire*, depuis que le temps des miracles est passé, il en faut au moins *une ordinaire*. De sorte que, pour gouverner en premier, il faut toujours, outre *le mérite*, une grande *paternité*, soit naturelle, soit surnaturelle. De là ce respect inné qu'on a toujours eu, dans tous les pays, *pour la grande paternité et la haute naissance*, respect dont tous nos frivoles systèmes ne nous débarrasseront jamais. *Père et mère honoreras.*

6° Quel est donc le malheur de notre siècle, et la cause incontestable de toutes nos calamités ?.... C'est d'avoir oublié que Dieu a attaché *l'autorité à la paternité*, soit naturelle, soit surnaturelle, et non pas aux belles qualités qui se trouvent dans les sujets, et *la paternité* est stable. Elle ne suit pas les vicissitudes des talens et des belles qualités, et *la paternité* est subordonnée. Les pères inférieurs supposent toujours *un père souverain* au-dessus d'eux ; et le dernier père de famille, par son droit de *paternité seule*, restera toujours au-dessus *du nombre, du mérite et des talens*. Quelque nombreux et quelque spirituels qu'ils soient, depuis le trône jusqu'à la dernière cabane, les enfans seront toujours au-dessous du père, les vassaux au-dessous du seigneur, et les sujets au-dessous du souverain, *du côté de l'autorité paternelle ; autorité* qui prime tout, qui gradue tout, et qui est de première considération en tout, en fait de gouvernemens ; *autorité* indestructible , parfaitement sentie dès l'origine du monde , dans tous les pays , même chez les sauvages, puisqu'ils ont des pères , des seigneurs et des chefs subordonnés en autorité, comme chez nous.

7º Voilà pourquoi la règle du *grand nombre* devoit absolument renverser les sociétés, puisque, dans aucun degré, Dieu n'a donné *l'autorité* au grand nombre. La règle du *mérite,* en le mettant au-dessus de la naissance, devoit également tout renverser, puisque c'est, dans chaque degré, mettre *le mérite* au-dessus des *autorités.* Le *mérite* va bien , quand il n'est question que des arts; il va encore dans les places en sous-ordre. Mais quand on est arrivé *au chef* du gouvernement, à moins qu'il ne soit éligible, ce qui est toujours un très-grand malheur dans le civil, la règle *du mérite* ne va plus. Un souverain qui trouve des talens de toutes les espèces et de tous les degrés dans ses sujets, n'a besoin que du talent de faire de bons choix; et rien de plus facile, s'il le veut, en se faisant présenter des sujets par les corps, en observant que plus la place vacante est élevée, plus il doit avoir égard à la naissance. Pour lui, il n'a besoin que d'une grande naissance qui le mette, non pas au-dessus de Dieu, ce qui est impossible , mais au-dessus de toutes les autorités paternelles de son empire.

8º Ainsi il n'est nullement question *du mérite ,* 1º dans l'arrangement essentiel des sociétés. Si *Dieu* est au-dessus des hommes , *l'autorité divine* au-dessus des autorités humaines , *le sacerdoce* au-dessus de la noblesse, *celle-ci* au-dessus du tiers-état, *le chef* d'un peuple au-dessus de ses sujets , *les pères* au-dessus des enfans , *les patriciens* au-dessus des plébéiens ; si les premières familles avoient déjà des fiefs , des domaines, des droits d'autorité et de propriété avant que les dernières fussent au monde, ce sont des arrangemens indestructibles que toutes nos folies, tous nos systèmes et tous nos bavardages philosophiques ne dérangeront jamais. 2º Dans toutes les constitutions *héréditaires ,* qui sont incontestablement les meilleures , *le mérite* ne va pas davantage. Dans les successions *héréditaires*, les legs, les testamens et la disposition des biens, *le mérite* ne va plus; c'est *la volonté légale du propriétaire* qui est la règle de tout, jamais l'évaluation du *mérite* ne doit dépendre des inférieurs.

P. XVI. *A qui à juger du mérite et des talens ?*

C'est *au propriétaire*, et non à d'autres ; et j'appelle *propriétaire*, dans le spirituel comme dans le civil, celui qui tenant, en toute propriété, ses pouvoirs de Dieu même, ne sauroit les perdre que par *sa volonté propre* ou la volonté légale de ses prédécesseurs, qui étoient propriétaires avant lui.

La volonté personnelle du propriétaire, à commencer par le premier, en descendant jusqu'au dernier, voilà le principe sacré de la propriété, que les amateurs du pillage, par la fable du pacte social, ont transporté de la main de Dieu dans celle des peuples ou plutôt de la partie la plus nombreuse des peuples. *Mutaverunt jus.* Principe sacré d'où tout dépend, et qu'il faut de toute nécessité reporter à sa place par l'instruction, si nous voulons mettre fin à nos calamités. Quelque chose qu'on nous dise, ne souffrons donc plus qu'on nous donne le change sur le premier principe de tous les droits; et dussions-nous déplaire mille fois aux partisans de la souveraineté des peuples, ne cessons jamais, dans le spirituel comme dans le civil, de remonter à ceux qui tiennent immédiatement leurs pouvoirs de l'Être suprême.

Si je suis le premier propagateur d'un pays quelconque, dès que j'ai engendré des enfans, élevé des bestiaux, cultivé un champ, et que j'ai, par là, reçu de Dieu *des droits d'autorité* sur les personnes, et *de domaine* sur les choses, à qui à en disposer, c'est évidemment à moi, et à moi seul, parce que *ces droits*, je les tiens, non pas du peuple, mais de Dieu même ; non pas par le fait des autres, mais par le mien. En conséquence, pour faire des dispositions solides, *mon autorité universelle et souveraine* étant *ma propriété*, je la transmets, en toute propriété, à qui je veux, et préférablement à mon aîné et à sa dynastie, conséquemment *à l'ordre de la naissance*, qui ne varie jamais. C'est par *ma volonté* que je l'ai acquise, et c'est par *ma volonté* que je préfère cet ordre : *Quià sic est voluntas.*

Pour mes cadets, je leur assigne, en toute propriété, des terres et des domaines dans le pays, non pas à raison de leurs talens, mais tour à tour, selon l'ordre de la naissance, plaçant toujours successivement le premier né à la tête des nouvelles habitations. Chaque seigneur en faisant autant dans ses terres, chaque père dans sa famille, le philosophe lui-même dans sa maison, il se trouve que, pour les successions, nous préférons tous l'ordre de la naissance aux talens, parce que c'est, sans contredit, le premier, le plus solide et le plus naturel, celui que Dieu a établi lui-même pour subordonner les familles. Ainsi cette volonté est fondée sur la raison comme sur l'Évangile. *Rationabile obsequium vestrum.*

Cependant, s'il survient une guerre, et que j'aie des ennemis à repousser, loin de leur opposer les plus lâches, je choisirai les plus braves, et je leur donnerai pour chef le plus courageux de mes seigneurs. S'il est question d'enseigner la morale, je me garderai bien de prendre pour l'instruction, ni des artisans, ni des hommes bornés ; ni pour les arts et métiers, les plus maladroits. Je saurai placer chacun selon ses talens, et je suis infiniment intéressé à le faire. Si Dieu donna de grands pouvoirs au premier chef, ce ne fut donc pas pour négliger les talens. Que faut-il pour les faire travailler ? *une grande autorité* pour les contenir ; des colléges, des séminaires, des ateliers publics, pour les former ; de grands revenus pour les récompenser. Voilà ce que Dieu a attaché à la primauté de la naissance ; ce que nous devons nous-mêmes transmettre à nos aînés, afin que les derniers nés travaillent sous eux. Dès le temps des pa-

triarches, c'étoit à l'aîné qu'étoit substitué le manoir pa-
ternel.

Dans tous les temps et dans tous les pays, les premiers
nés eurent beaucoup, et les derniers furent obligés de servir sous les premiers. De là l'activité, l'industrie, le commerce, le bon emploi des talens, qui, par le moyen des
fonds que le père leur avance, font fleurir les états. Re-
mettez les biens dans la main des derniers nés, l'activité
cesse, et l'Etat dépérit C'est ainsi que les chefs primitifs du-
rent faire les partages, d'après la nature et la raison, et c'est
ainsi qu'ils les firent d'après l'histoire et tous les monumens.
Après avoir donné leur patrimoine aux premiers nés, ils
laissèrent les derniers travailler à les mériter sous leurs aus-
pices. *Rationabile obsequium.*

Maintenant, cinq cents ans, et peut-être trois mille ans
après que tout a été ainsi arrangé dans chaque pays, par *les
chefs souverains*, survient un écervelé, qui, se disant *philosophe*, prétend avoir découvert que, dans l'origine, il n'y
eut ni chefs ni propriétaires, et que ce fut *le peuple* qui distribua tout à raison des talens ; et, comme cette règle
n'est plus suivie, qu'il faut recommencer les distributions ;
Comme cette proposition est fort du goût de ceux qui n'ont
rien, les anciens propriétaires se trouvent chassés ou mas-
sacrés, et tous leurs biens pris : on m'annonce que mes propriétés ne sont plus à moi, et que je ne les recouvrerai plus.
Cela est-il vrai ? Si vous êtes le détenteur, tant que je n'au-
rai pas consenti, que m'opposerez-vous ? *la force, les révolutions, les évènemens ?....* tout cela n'est pas ma volonté ;
le temps, la prescription ? elle n'a pas lieu sans la bonne
foi ; *le nombre, la nation, le vœu commun ?....* c'est le mien
qu'il vous faut, *des promesses forcées ?....* elles n'obligent pas ;
des promesses injustes ! encore moins : quand je vous pro-
mettrois la terre de mon voisin, je ne pourrois pas vous la
donner.... *votre titre de législateur ?....* je vous en demande
pardon ; mais fussiez-vous le plus puissant monarque de
l'univers, *mon bien* n'est point à vous ; je le tiens de Dieu

même, par le travail de mes ancêtres. *La paix, la tranquillité, le repos public!*.... Jamais il n'y aura de repos, tant que le propriétaire ne consentira pas. S'il est forcé de se taire aujourd'hui, comme le dit *l'illustre Bossuet*, il réclamera dans de meilleurs temps.... Mais *pourquoi le dire*, pourquoi ne pas s'accommoder aux circonstances?... Comme si les principes pouvoient se plier sous la main du temps, et qu'il ne fût pas ordonné de les annoncer tels qu'ils sont!... Mais, dit-on, *votre doctrine est désolante!*.... Oui, pour vous, qui voulez avoir le bien d'autrui; mais elle est infiniment consolante pour tous les propriétaires. Voudriez-vous qu'on pût dépouiller vos héritiers, malgré eux, de leurs droits? non, sans doute. Vous êtes donc déjà condamné par votre propre bouche, et devant Dieu et devant les hommes, et pour le temps, et pour l'éternité. Et si ce bien particulier ne vous appartient pas, celui de la religion vous appartient-il davantage?

Après une aussi terrible révolution, *que faut-il donc faire?*.... faut-il tout restituer?.... Nous l'avons déjà dit, la chose est impossible : après une cruelle tempête, on ne met pas en ligne de compte tout ce qui se trouve englouti dans le fond des mers.

Mais au moins, pour ce qui reste, il faut des *arrangemens conciliatoires*, où l'ancien propriétaire soit appelé, et auxquels il donne son consentement : sans quoi point de paix et de tranquillité, parce que *le droit* ne pourra jamais se trouver transmis autrement que par la volonté légale de l'ancien propriétaire. *Id quod nostrum est sine facto nostro ad alium transferri non potest.*

P. XVII. *A qui à destituer et à déposer?*

Tout le monde convient que c'est à celui à qui il appartient d'instituer : *Hujus est destituere cujus est instituere.* Mais à qui appartient-il d'instituer? Est-ce *au peuple?* comme on le dit dans la fable des pactes sociaux? non, sans doute. Voilà la grande erreur qui a bouleversé le monde. Puisque tous nos droits viennent directement de Dieu même, en descendant successivement de propriétaire en propriétaire jusqu'au dernier, il est déjà prouvé par là que *le propriétaire lui seul* peut les retirer, en remontant progressivement depuis le dernier jusqu'à Dieu. Si les inférieurs sont mal gouvernés, ils ont bien le droit de se plaindre, et de réclamer *l'autorité* du supérieur : mais celui de destituer, ils ne l'ont jamais eu, et ils ne l'auront jamais.

Ainsi, dans le spirituel, par exemple, c'est *un curé* qui ne remplit pas ses devoirs, adressez-vous à son évêque : c'est *l'évêque lui-même*, adressez-vous au métropolitain ; puis au souverain Pontife. Suivez les degrés de juridiction, toujours en remontant. Il en est de même dans le civil : c'est *un militaire ou un magistrat*, adressez-vous au souverain : c'est *le souverain lui-même*, adressez-vous à Dieu, jamais à d'autres. Prétendre que c'est aux sujets à destituer les souverains, c'est enseigner que c'est aux enfans à destituer leurs pères, et aux serviteurs à destituer leurs maîtres. On conviendra qu'établir de pareils principes, c'est placer la philosophie aux Petites-Maisons, et en ouvrir toutes les portes aux maniaques qui y sont détenus, pour les envoyer mettre tout à feu et à sang dans les sociétés. Dieu étant manifestement le seul qui ait donné *l'autorité universelle* au père primitif de chaque pays, il est aussi le seul qui puisse la retirer à ses successeurs quand il le juge à propos.

Il est donc, me direz-vous, des cas où un propriétaire actuel peut être destitué malgré lui ?.... oui, sans doute : mais *par un propriétaire supérieur ;* mais dans des cas bien rares, dans des cas fixés par la loi, d'après un jugement légal et une procédure en règle, dont les formes ne dépendent pas du législateur actuel. La révolution a dû nous apprendre que ce n'est pas dans les hommes vivans qu'il faut chercher *la règle des lois.* Pour destituer les souverains, il ne suffit pas de les chasser, de les détrôner, et de prétendre que ces évènemens physiques sont des signes de la volonté de Dieu.

Il s'en faut beaucoup. Dieu ne veut pas les séditions, puisqu'il les défend, et qu'il les punira de la manière la plus terrible. Ce n'est pas par des faits ordinaires qu'il déroge à ses anciennes institutions. Quand il voulut destituer *Saül* et la maison d'*Achab*, il ne se contenta pas de permettre qu'on leur fît la guerre, il leur fit annoncer formellement leur destitution par son prophète. Et il en est de même dans le spirituel. Quand il voulut destituer la synagogue, il ne se contenta pas de permettre que *Titus* détruisît Jérusalem, il envoya auparavant *le Messie* abroger les cérémonies légales, pour y substituer la loi nouvelle. Actuellement, pour destituer *l'Eglise*, il ne suffit pas de la dépouiller de ses biens et de massacrer ses ministres, il faudroit que Dieu parlât; et il ne le fera pas, puisqu'il a déclaré formellement que c'est là le dernier sacerdoce qu'il nous donnera jusqu'à la consommation des siècles.

Il en est de même pour toutes les destitutions humaines en général. Pour qu'un propriétaire soit destitué, il ne suffit pas qu'il le soit *de fait;* des faits illégitimes sont loin d'être des règles, il faut qu'il le soit *de droit,* c'est-à-dire par les fondateurs, qui, en leur qualité de *premiers propriétaires,* ont pu apposer des exceptions équitables à leurs lois. Mais ils n'en ont jamais apposé qu'une seule, c'est lorsque *le bien général* et *le bien particulier* se trouvent en concurrence.

Par exemple, *la loi des anciens propriétaires* porte que, dans certains crimes énormes qui troublent notablement le repos public, *les biens* d'un criminel peuvent être confisqués; le législateur actuel peut prononcer la peine de confiscation dans ces sortes de cas. 2° Si un particulier néglige, pendant quarante ans, de réclamer son bien, la loi transmettant *le droit* dans les mains d'un possesseur de bonne foi, le législateur actuel peut, dans ce cas, opposer *la prescription* au propriétaire, en faveur du repos public. 3° Si les lois, les coutumes, les usages et la constitution d'un pays sont notablement préjudiciables au bien de l'État, et

que la masse des propriétaires en demande la réforma-
tion, le législateur actuel peut procéder à leur améliora-
tion, de concert avec les propriétaires. 4° Si l'ouverture
d'un canal, d'une grande route, ou un établissement très-
avantageux, exigent le sacrifice d'un bien particulier, et
que la masse des propriétaires se charge d'indemniser amplement, dans tous ces cas, *le législateur* peut prononcer ce
sacrifice. Enfin, toutes les fois qu'il est constaté que *le bien
public* et *le bien particulier* sont en concurrence, le dernier
doit être très-certainement sacrifié. La justice, l'équité, la
masse des propriétaires actuels, l'esprit des fondateurs et
des anciens propriétaires, le droit naturel, toutes les lois
divines et humaines le demandent au législateur.

Mais, pour constater que c'est là le cas *du bien public*,
il faut bien prendre garde de se laisser tromper par les
apparences. *Le déplacement des propriétés* n'est pas de petite
conséquence, et ce n'est pas une démarche indifférente que
de dépouiller un seul propriétaire malgré lui, puisque c'est
attaquer la loi générale des propriétés, et même de la sienne
propre. Avant d'y procéder, un examen superficiel ne suffit
donc pas; il faut une procédure en règle, une *information*
rigoureuse de *commodo et incommodo;* une instruction
légale, où les parties soient entendues, toutes les formes
observées, et où il soit juridiquement prouvé que le propriétaire est dans le cas de la destitution, et que son bien
passera véritablement *au profit du public.*

Or, dans nos révolutions, est-ce là le cas? Est-ce bien
le public et *le particulier* qui se trouvent en concurrence?
non. Eh! qui donc? Faites-y attention : c'est un souverain
et un usurpateur; c'est un voleur d'un côté, et un propriétaire de l'autre. Il est question d'adjuger le bien d'un propriétaire à celui qui l'a pris; cela se peut-il? et si c'étoit à
vous à juger, le feriez-vous?.... Quand, après une procédure légale, on adjuge le bien d'un particulier *au profit du
public;* tout le monde y gagne. Le propriétaire lui-même,
s'il est amplement indemnisé, non-seulement n'y perd pas,

mais il partage l'avantage public avec tous les autres propriétaires. Si au contraire l'on adjuge *le bien d'un particulier* au voleur qui l'a pris, tout le monde y perd. Par cet injuste procédé, non-seulement le propriétaire est indignement dépouillé, mais toutes les propriétés, sans excepter celles du législateur lui-même, sont livrées au pillage, le vol est sanctionné, le brigandage autorisé, le crime récompensé, l'innocence, la vertu, la fidélité avilies, punies et découragées, l'esprit public indigné, les séditions à l'ordre du jour. Si c'est un bien public, c'est encore bien pis. Alors c'est le bien public qui se trouve sacrifié pour le bien particulier; ce qui est contre toutes les règles, toutes les lois et toutes les raisons. Alors le peuple y perd ses hospices, ses églises, ses fondations, ses prêtres, son instruction, sa morale, sa religion, tous ses fonds publics, pour enrichir quelques détenteurs. Cela se peut-il?

Pour remplacer ces fondations, ou bien il faudroit en donner de nouvelles, ou bien il faut mettre sur le peuple d'énormes impôts, qui ne rempliront jamais les intentions des fondateurs, et ne satisferont jamais aux besoins publics. Et cela tandis que les voleurs conservent *à leur profit* les biens volés.

Voilà cependant, dans la réalité, les deux parties en question. Ce ne sont point du tout *le général* et *le particulier* qui se trouvent en concurrence, c'est *le propriétaire* d'un côté, et *son spoliateur* de l'autre. Il ne s'agit point du tout d'adjuger un bien particulier au public, mais tous les biens de l'Eglise, de l'Etat et des propriétaires aux factieux qui les ont dépouillés; ou plutôt ce sont les factieux qui se les adjugent eux-mêmes, au grand scandale de l'univers, malgré le mécontentement général de tous les peuples et les réclamations de tous les propriétaires, qui demandent à grands cris qu'il y ait au moins des arrangemens équitables. Se peut-il rien de plus absurde, de plus dangereux et de plus contraire au principe sacré des propriétés.

Maintenant, revenons à ce fait solennel et décisif contre

lequel viendront toujours se briser successivement tous nos vains systèmes : *les décrets du Tout-Puissant.* Si, d'après nos preuves, ici, comme ailleurs, c'est Dieu lui-même, qui a décrété de toute éternité, que *le droit de propriété* ne pourroit jamais être transmis autrement que *par la volonté des anciens propriétaires,* quelle folie de notre part d'arrêter qu'il est des cas où *les anciens propriétaires* peuvent être destitués malgré eux; qu'il faut chasser, exiler, détrôner, et massacrer tant qu'ils n'y consentiront pas!... Que devoit-il résulter de ces atroces décisions, sinon des siècles de sang, de brigandages et de calamités. Après lesquels les décrets de Dieu restent les mêmes. Qui pourroit destituer *un ancien propriétaire?* seroient-ce les voleurs, les intrus, les acquéreurs et les usurpateurs? cela est impossible, puisqu'ils sont condamnés par toutes les lois. Seroient-ce les peuples, les puissances et les législateurs? cela est également impossible, puisque *nos droits* ne viennent pas d'eux, que chaque propriétaire les tient originairement de Dieu seul.

Quelque chose que l'on fasse, un principe certain et qu'on ne détruira jamais, c'est que dans les cas même d'exception, *un propriétaire actuel* ne pourra jamais être destitué que par un propriétaire supérieur; que dans tous les cas, et après les plus terribles révolutions, jusqu'à ce qu'un ancien propriétaire ait consenti, tous les nouveaux arrangemens resteront toujours radicalement nuls; qu'ainsi ce décret irréfragable porté par Dieu même, que *le droit* ne marchera jamais qu'à la volonté des anciens propriétaires, restera toujours. *Id quod nostrum est sine facto nostro, ad alium transferri non potest.*

P. XVIII. *Plaintes déplacées des différens Ordres.*

Pourquoi les différens corps ont-ils prêté l'oreille aux suggestions d'une perfide philosophie, qui a voulu les détruire les uns par les autres? c'est parce qu'ils se sont mutuellement à charge, et qu'elle ne leur dit pas qu'ils se sont aussi mutuellement nécessaires.

Le sacerdoce, dit-on, avoit de grands revenus, et ces revenus étoient une charge énorme pour les deux autres ordres!... cela est très-certain; Mais *l'instruction des deux autres ordres, est aussi une charge énorme pour le sacerdoce.* Pour cela, il lui faut un grand nombre de ministres, conséquemment de grands fonds et de grands revenus.

La contribution sacerdotale, comme nous l'avons déjà dit, n'est pas nouvelle. Elle fut imposée sur les terres, dès l'instant de la création, par celui qui se réserva le gouvernement des mœurs : et ces terres sont passées, grevées de cette charge, des mains de Dieu, dans celles des pères primitifs; des pères primitifs à la noblesse, de la noblesse à ses vassaux. En vendant une terre, jamais qui que ce soit n'a pu vendre *cette contribution*, parce que c'est *une propriété* inséparable du travail du sacerdoce. Otez-la, l'instruction n'existera plus, et les deux autres ordres seront livrés à toute la perversité des passions.

Le gouvernement civil de son côté perçoit des impôts, et ces impôts sont une charge pour le peuple!....

Oui sans doute : mais *la surveillance* du peuple est aussi une grande charge pour le gouvernement civil. Plus d'impôts, plus de lois, plus d'armées, plus de police, plus de ponts et d'établissemens publics ; plus de sûreté civile, pour les personnes et pour les biens. L'impôt civil est aussi indispensable pour le gouvernement des corps, que *la contribution sacerdotale* pour celui des âmes. Chaque propriétaire a reçu ses terres grevées de ces charges. Ce sont des revenus, dont il est comptable, et qui ne lui appartiennent pas.

Mais, ajoute-t-on, pourquoi ces droits de chasse, de lods et ventes, de redevances et de rentes seigneuriales, etc., qui existoient auparavant?...

D'abord *pour le droit de chasse* : Depuis que le tiers est propriétaire, on sait bien que *ses propriétés* doivent être respectées. Mais, en supposant le droit de chasse réglé par les lois, peut-il convenir à d'autres qu'aux seigneurs?

Pour chasser, il faut avoir le port d'armes, du temps, des chiens, des chevaux, une grande étendue de terrain pour poursuivre le gibier. Tout cela peut-il convenir à de simples particuliers? Si tout le monde avoit le port d'armes, que de meurtres, de violences, d'injustices, de récriminations, que de temps perdu pour les artisans et les laboureurs!

Pour les lods et ventes, les cens et autres réserves seigneuriales, c'étoient des réserves, et ce mot dit tout. En vous cédant un petit terrain, je m'étois réservé une poule, un cens, un droit de champart, un boisseau de froment, pour vous faire souvenir que vous releviez de mon domaine, et que j'étois *votre seigneur*. Il en est de cette charge comme de celle des impôts, des contributions de toutes nos dettes et de tous nos contrats. Ce que je m'étois réservé, je ne vous l'avois point vendu et vous ne l'aviez point acheté. Ainsi c'étoit *une propriété* dont je restois le maître.

Si, dès l'origine, les souverains reçurent de Dieu même, par les fondateurs, de vastes domaines et de grands priviléges, *les seigneurs*, après eux, en reçurent aussi par la succession naturelle de leurs ancêtres. Et parce que, dans les temps de féodalité, on put reprendre très-légitimement sur eux, *les pouvoirs souverains* qu'ils avoient usurpés, il ne faut pas croire qu'on ait pu également les dépouiller *de leurs droits héréditaires*. La dégradation des deux premiers ordres est sans contredit la plus perfide de toutes les insinuations de la part de la fausse philosophie. En politique, comme en toute autre chose, il est un point de démarcation fixé par le Créateur, au-dessus duquel l'inférieur ne sauroit monter sans danger, et au-dessous duquel le supérieur ne sauroit descendre sans se perdre. En chargeant les anciennes familles des premières fonctions du sacerdoce, du militaire et du civil, Dieu, dès l'origine, leur donna *de grands revenus* pour les soutenir, comme nous l'avons fait voir. Si, d'après des suggestions inconsidérées, on abat les premiers degrés des trônes, des souverains tombent d'autant. Et si l'on attaque un seul ordre , dans ses propriétés , tous les autres se trouveront ensevelis sous leurs ruines. *Mutaverunt jus , dissipaverunt legem.*

P. XIX. *Du soin des pauvres.*

· Parmi les charges que Dieu imposa, dès l'origine, sur les biens des premiers nés, il en est une qui exige une considération particulière : c'est *le soin des pauvres*. Si en affranchissant leurs vassaux, les grands se sont crus déchargés de ce devoir, ils se sont trompés. Cette obligation, pour eux comme pour tous les riches en général, sera toujours la même.

.. Non-seulement *l'aumône* est un acte d'humanité , comme nous le lisons dans les ouvrages philantropiques , il faut savoir que dans tous les temps et dans tous les pays, *c'est une charge* indispensable dont nos biens sont grevés ; que si nous ne l'acquittons pas, nous sommes des voleurs ; que si nous laissons le pauvre sans le secourir, nous sommes des homicides? C'est une doctrine que l'on n'aime pas, et dont on détourne aisément les yeux. Cependant de toutes les vérités de la nature, c'est une des mieux démontrées. Regardez attentivement autour de vous : pain , vin, nourriture, argent, meubles, bestiaux, vêtemens, jouissances, agrémens de la vie , d'où vient tout cela ?... Vous en avez, dites-vous, hérité de vos pères !.... Faites y attention : vous avez hérité de la terre ; vous êtes bien *le propriétaire* exclusif du fonds , mais ce n'est pas de la terre : c'est de ses fruits que vous vivez , et ces fruits vous viennent du travail des pauvres.

Je sais que , substitué à tous les droits d'une ancienne famille, qui avoit peut-être défriché le pays , et travaillé bien des siècles avant les dernières , *comme propriétaire du fonds ,* c'est à vous à tout recueillir, à tout administrer et à tout percevoir ; qu'étant obligé de pourvoir à tous les frais , à toutes les avances et à toutes les réparations , c'est à vous à faire les parts , et que la vôtre doit être plus forte que celle de vos ouvriers, puisque vous êtes chargé de toutes les dépenses.

Mais enfin, quelque foible que soit *celle du pauvre*, il est un taux au-dessous duquel il vous est impossible de l'évaluer : *c'est son nécessaire*, et celui de sa femme, de ses enfans et de ses vieillards. Vous étiez obligé de le lui fournir quand il étoit esclave. Vous n'y êtes pas moins tenu depuis qu'il est libre. Tant qu'il ne l'aura pas, *l'aumône* n'est pas faite. Vous n'avez pas rempli le plus rigoureux de tous vos devoirs. Que dis-je, vous n'avez pas pensé au premier de tous vos intérêts. Car si tout vous vient du travail du pauvre, il est de votre intérêt qu'il travaille, et pour travailler il faut qu'il vive et qu'il soit secouru dans tous ses besoins.

On enseigne ordinairement que le riche, après avoir pris *le nécessaire* pour lui, doit *son superflu* au pauvre. Si l'on enseignoit qu'il doit *le nécessaire* au pauvre, et qu'ensuite *le superflu* est pour lui, la règle seroit plus claire, et peut-être beaucoup plus sûre. Lorsque le législateur des chrétiens, pour donner l'exemple de l'aumône, multiplia les pains dans le désert, il ne dit point à ses apôtres : commencez par prendre ce que vous désirerez pour vous, et vous donnerez ensuite le reste à la multitude; il leur dit au contraire : commencez par donner *le nécessaire* à la multitude, et vous ramasserez ensuite ce qui restera pour vous. Quand *le pauvre* a le nécessaire, *le riche* peut disposer du reste, en augmenter sa fortune, en accroître ses jouissances. Mais tant que *le pauvre* est dans le besoin, l'Evangile lui défend de faire d'autres dépenses; et la règle de l'Evangile est aussi celle de la nature.

Tant qu'un mercenaire est en santé, on lui donne vingt sols par jour, et on se croit quitte de tout. C'est, dit-on, mon convenu!... C'est votre convenu?... oui pour son travail ; mais est-ce votre convenu pour sa maladie, pour sa famille, pour ses enfans et tous ses besoins? est-il convenu avec vous, que vingt sols lui suffiroient dans toutes les circonstances?... C'est votre convenu!... oui, pour lui; mais est-ce votre convenu pour tous ces misérables qui travaillent dans les manufactures, dans les mines et sur les mers.

Dans l'esclavage, tous ces pauvres étoient à votre charge; vous étiez obligé d'en avoir soin dans tous les temps et dans tous les états. Ne vous en coûtoit-il alors que vingt sols pour chacun? et si l'économe de votre maison ne vous donnoit que cette somme pour vivre, vous et toute votre famille, où en seriez-vous?

Parce que, depuis l'état de liberté, *tous les pauvres* ne travaillent plus chez nous, nous croyons qu'ils ne travaillent plus pour nous : c'est une méprise. Il n'est pas un meuble, un habit, un morceau de pain, un poisson, une liqueur, une jouissance, qui ne nous vienne *du travail du pauvre*. Quelque part qu'ils soient, dans leurs maisons, au milieu des campagnes, dans les ateliers, dans les vaisseaux, sur les toits ou sur les mers, c'est pour nous que *le mercenaire* travaille. Tant qu'il manque du nécessaire, *l'aumône* n'est pas faite, et elle sera mal faite tant qu'elle ne lui parviendra pas dans ses foyers. Tant qu'il sera forcé de venir mendier à la porte du riche, lui, sa femme, et ses enfans, *cet état de mendicité* occasionera une foule d'abus, dont les grands seront responsables.

P. XX. *De la mendicité.*

Il n'est pas impossible d'abolir *la mendicité*; mais pour cela il faut trois choses qui marchent de concert : 1° *Un coffre commun;* 2° *une bonne administration;* 3° *le concours du gouvernement.*

1° *Sans coffre commun*, en vain ordonnera-t-on à chaque paroisse d'avoir soin de ses pauvres : cela est impossible, attendu que, par leur position, il est des paroisses qui n'ont que des pauvres, des matelots, des ouvriers et des artisans; d'autres qui n'ont que des riches, des seigneurs, des marchands et des négocians; des paroisses qui ont beaucoup trop, d'autres beaucoup trop peu. Pour compenser le tout, *un fonds commun* est indispensable.

2° *Sans administration*, en vain défendra-t-on aux pauvres de sortir : cela est impossible. Pour que les secours leur parviennent, il faut les leur porter : sans quoi ceux qui sont chargés d'enfans sortiront malgré vous, et les mauvais pauvres sortiront avec eux. *La mendicité* reparaîtra sans cesse.

3° *Sans le concours du gouvernement*, en vain l'administration voudra-t-elle contenir les mauvais pauvres ; elle sera sans cesse insultée, et l'établissement ne se soutiendra pas.

Dans l'état d'esclavage, qu'avoient les préposés des seigneurs ? le nerf de bœuf d'une main, et des secours de l'autre. Avec le nerf de bœuf, ils faisoient travailler les paresseux ; avec les secours, ils avoient soin des infirmes. Il en doit être de même de nos administrations.

N'est-il pas étonnant que, depuis l'état de liberté, *les pauvres*, qui sont les bras de l'Etat, la source de tous les produits et de toutes les jouissances, aient paru indignes de l'attention des législateurs ? Quel profit immense, s'ils travailloient tous ! En les laissant mendier, que d'abus et de désordres ! quelle corruption et quelle perte de temps !... Et que faudroit-il pour faire cesser tant de fléaux ? un bon règlement de police, et voilà tout.

Ordonner, 1° que, dans chaque ville et chaque canton donné, il seroit établi *un coffre commun*, constamment entretenu par toutes les paroisses réunies ; 2° que chaque curé feroit les avances à ses pauvres pendant un mois ; 3° qu'à la fin de chaque mois il seroit remboursé de ses avances.

Et où seroit placé *ce coffre commun ?* tout simplement dans une maison sûre, soit de la ville, soit du principal marché de chaque canton ; ce qui n'exigeroit aucuns frais, ni de bâtisse, ni d'entretien. *Ce coffre commun*, fermant à trois clefs, seroit administré par les trésoriers des pauvres des diverses paroisses.

Dans chaque paroisse, *le curé* auroit donc : 1° un tronc particulier ; 2° un trésorier des pauvres ; 3° une ou plusieurs mères de charité, pour visiter les malades, fournir du bouillon, etc. ; 4° un registre de souscription, où chaque habitant souscriroit à volonté ; 5° un de recette, où le trésorier écriroit ses quêtes et ses reçus; 6° un de distribution, où il porteroit toutes ses avances.

A la fin de chaque mois, le trésorier des pauvres, en allant au marché, porteroit la contribution de sa paroisse, et recevroit *les avances de son curé.* Par là, *le coffre commun* ne seroit jamais tentant pour les voleurs, puisqu'il n'y resteroit presque rien.

A la fin de l'année, tous les seigneurs, curés et trésoriers du canton, sous la présidence de l'évêque ou du principal seigneur, feroient, au dépôt, une assemblée générale, où les registres de contribution et de dépense seroient revisés; et de temps en temps la gendarmerie ou la force publique auroit ordre de faire sa visite, pour soutenir ces administrations.

Ce coffre commun une fois établi dans chaque canton, il en coûteroit infiniment moins que dans le temps *de la mendicité* et que pour l'entretien des hôpitaux, puisque les pauvres seroient secourus chez eux, comme ils l'étoient dans le temps de l'esclavage. Tous les riches et les seigneurs, qui seroient sûrs de voir leurs aumônes bien administrées, donneroient avec joie. Bientôt les mourans lègueroient des fonds pour les communes de leur canton; les bons pauvres travailleroient; les mauvais seroient contenus; les désordres inséparables *de la mendicité* disparoîtroient, et l'on recouvreroit une infinité de bras.

Tant qu'il n'y aura pas *de loi* sur cet objet, les *mauvais riches* ne donneront pas, *les riches charitables* s'épuiseront en vain : ils ne poarront pas suffire; ceux même qui auroient le désir de faire le bien, se décourageront; jamais les pauvres n'auront *le nécessaire* chez eux, et tant qu'ils ne l'auront pas, le gouvernement sera coupable, et les riches ne rempliront pas leurs devoirs.

Pour abolir *la mendicité,* il faut de toute nécessité, dans chaque canton : 1° *un coffre commun,* que toutes les paroisses ensemble aient ordre d'entretenir, afin d'assurer à chaque curé le remboursement de ses avances; 2° *un règle-*

ment émané du gouvernement, qui soutienne de la force publique les administrateurs de ces fonds. Avec cela, on réussira : sans cela, on ne réussira pas.

Voilà les devoirs des maîtres et les règles qu'ils doivent observer dans tous les temps, dans toutes les situations et tous les états. Dès qu'ils sont maîtres *de droit*, c'est à eux à juger leurs inférieurs, à veiller sur leurs besoins, à les placer, à les faire travailler, à avoir égard, dans leurs distributions, tantôt *au nombre*, tantôt *au mérite*, tantôt *aux talens*, tantôt *au nom*, *à l'autorité et à la naissance*. Ils sont tenus de suivre ces règles, de consulter tous ceux qui peuvent les éclairer sur ce discernement important. Mais s'ils ne le font pas, à qui à les punir? c'est à leurs supérieurs : *au souverain*, dans le civil, *à Dieu*, dans le spirituel. Si vous livrez les maîtres au jugement de leurs inférieurs, vous bouleversez le monde, et vous vous perdez vous-même : c'est aussi ce qu'a fait notre détestable philosophie. En déplaçant tous les droits, elle a désorganisé tous les peuples : *mutaverunt jus*, *dissipaverunt legem*. Voilà l'histoire naturelle de *la formation des peuples* contre toutes les formations révolutionnaires de nos jours. Dans le troisième cahier, nous verrons tout ce qu'il faut pour rétablir *la liberté véritable* contre les libertés révolutionnaires des passions, qui ont bouleversé l'univers.

TABLE

DES PRINCIPES DU SECOND CAHIER.

A. PIHAN DELAFOREST,

IMPRIMEUR DE MONSIEUR LE DAUPHIN ET DE LA COUR DE CASSATION,
RUE DES NOYERS, N° 37.